JN241212

心

NBAで運命を切り拓いた
本当に大切な想い

渡邊雄太

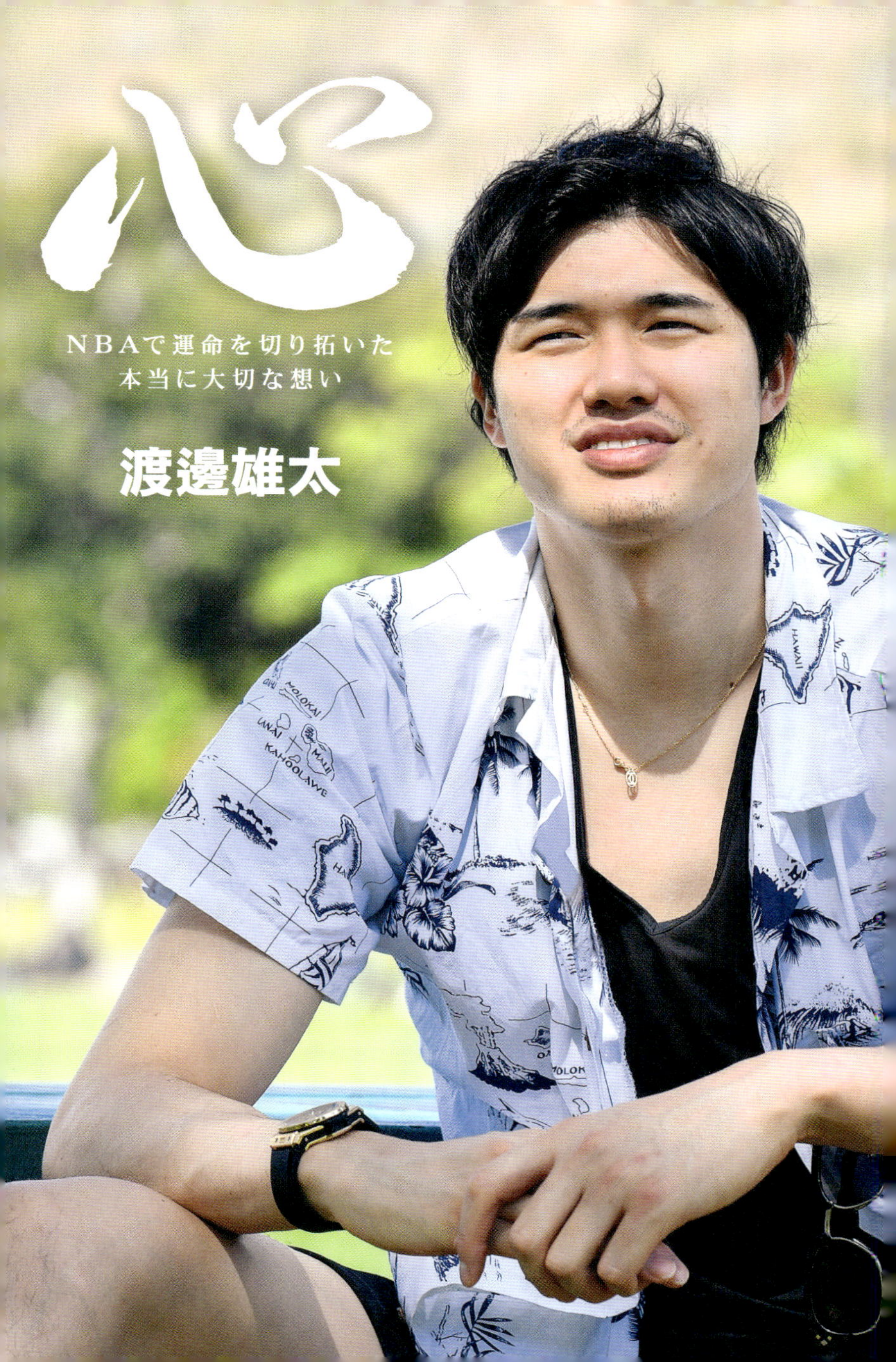

序章

「心」が人生を変える

人が人生という道を歩む上で、どれだけ「心」の持ち方が大切であり難しいか――。

僕がＮＢＡ人生を送ったアメリカから、今回日本に拠点を移す決断をした一番大きな理由は、メンタルだと記者会見で述べさせてもらいました。

メンタル。それはすなわち「心」です。

「人は1日3万5000回もの回数で、何かしらの決断をしている」

あるアメリカの著名な大学教授の研究によると、そう考えられているそうです。

仕事やプライベートにかかわらず、言葉、食事、移動、信頼、適応、分析、継続――。それらを決めるのが選択であり、決断なのです。

それらはすべて「心」によるものだと僕は信じています。

良いところも悪いところも、あらゆるものを見ながら、この6年間で判断した数々の道のりを決めたのは、いつも僕の「心」でした。

そこで、6シーズンを過ごした多くのエピソードや、その時の僕の心と決断を書き記すことが、今後、NBAや日本代表を目指す若手選手や子どもたち、そしてコーチや保護者の皆さん、強いては世の中のすべての人たちの参考になるのでは——。そう思ったのがこの本を作ることを決めた理由です。

この本を書くにあたり、アメリカでの6シーズン、そして日本代表での活動を言葉にするのは、僕にとって容易なことではありませんでした。

それでも、バスケとは関係のない様々な人生を歩んでいる人、苦しい状況で心が折れそうな人、これから難しいチャレンジに取り組もうと思っている人、世界を目指してもがいている人。そういった人たちを、少しでも後押しすることができれば、僕にとってこんなにうれしいことはありません。

もしも、NBAで過ごした6年間の僕の精神状態を折れ線グラフにするとしたら――。

ほとんどの期間が穏やかな状態とはほど遠い、低空飛行していた感じになると思います。

自分の中では、もっと深く沈んでしまってもおかしくないような場面が所々でありました。でも、それ以上落ち込んでいかないよう、なんとかギリギリのところで踏みとどまることができたという実感があります。

それを支え続けてくれたのも、僕の「心」でした。

納得ができない、理不尽と言ってもいいようなシチュエーションは自分の身に何度も何度も訪れました。

試合に出られないことは単純に面白くはありません。このような状態に陥った時、自分の心を立て直してグラフの線を上向きにするためには、相当なエネルギーを必要とします。

ジョージ・ワシントン大学を卒業後、ドラフト外でNBAを目指している時や、メンフィス・グリズリーズと2ウェイ契約を結び、もっと上の条件での契約を目指している時は、無心で頑張ることができました。このように、何かを追いかける時はモチベーションがとても作りやすいものです。

でも、試合にコンスタントに出させてもらったり、本契約を結んだりという山を一度登ってしまうと、そこから崖の下に突き落とされた時には、「またあの景色を見るためにあそこまで登っていかなければいけないのか――」という絶望感にも似た感情を味わうことになるのです。

山の頂上に向かう道中の険しさを知っている分、ゼロの状態からもう一度頑張ることはすごく大変になってきます。この6年間、そんなことが本当に何度も何度もありました。

そういう時、僕は自分の気持ち、すなわちグラフの状態を極端に上下させないで、「真ん中」に置いておくような平常心を常に大切にしてきました。


〝Never too high. Never too low.〟

アメリカにはこのような言い回しがあります。

言葉通り、「決して高すぎず、決して低すぎず」という意味です。

たった一度の活躍で天狗になってはいけないし、たった一度の失敗で必要以上に心を沈ませてもいけない。僕はそんな風に捉えて、この言葉を大事にしています。


もしも感情的な振れ幅がものすごく大きくなりそうな時には、僕は心を保つために「2人の自分」を存在させていました。

気持ちが乱れ、苦しむ等身大の自分がいる。でも、もう1人の自分はどこか客観的に「それでも大丈夫。やることは一緒でしょ」と苦しむ僕に冷静に言い聞かせているのです。
そういう風に自分を問いただすもう1人の自分を存在させることは、僕の人生においてとても大切なことでした。

今から記すのは、僕の「心」の軌跡です。

決して順風満帆ではない。山あり谷ありの生き方をしている。
でも決して、あきらめたくない――。

そんなすべての人たちにとって、僕のこれまでの経験と決断が何か少しでも役に立てばうれしく思います。

NBAでの6シーズン、
ギリギリのところで踏みとどまることができた。
それを支え続けてくれたのは、僕の「心」でした——

心

目次

心

目次

第三章

置かれた場所で、人が嫌がることを率先してやる

2022〜2023年　ブルックリン・ネッツ

心
目次

心

目次

第一章

心が成功と失敗を決める

2018～2020年　メンフィス・グリズリーズ

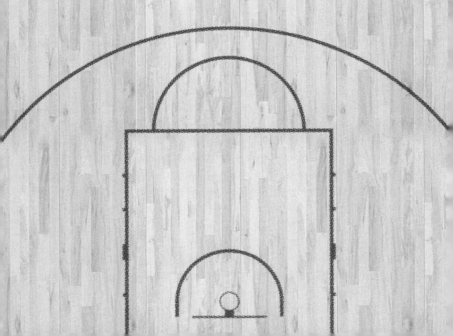

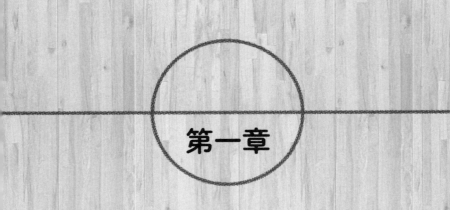

２０２４年７月、千葉ジェッツ入団の記者会見で僕はこう話しました。

「30歳の年まではアメリカで頑張るという覚悟を持っていました」と。


僕はアメリカに渡った当初から、30歳までを一つの大きな目標としていました。

そして、30歳になる年のタイミングで日本でプレーすることを決断しました。

それは帰ってくるとか戻ってくるとかではなく、僕には日本でプロの経験がありませんし、日本のＢリーグという新しい舞台で「挑戦する」という気持ちなのです。

６シーズン、ＮＢＡでプレーし続けた日本人は過去に誰一人いません。しかし、僕を乗り超えていく選手が出てくるのを期待しています。

落ちる時はあっという間

アメリカでの体験を、序章で記した折れ線グラフ形式で、少し駆け足で振り返ってみようと思います。

まず、初めてメンフィス・グリズリーズでＮＢＡ選手になった時。

あの瞬間は、ちょうど真ん中ぐらいの心の位置づけにいたと思います。

うれしさと、これからもっとやるんだという気持ち。あの時の感情は自分のＮＢＡキャリアの基準になりました。

でも、そこからグリズリーズでの２年は感情的には下降気味。デビュー時の感情を上回ることはなかなかありませんでした。

当時、僕の契約は２ウェイ契約といって、その前のシーズンからＮＢＡが導入した新しい枠組みでした。ＮＢＡトップチームと傘下のＧリーグチームの両方に所属できる、いわば若手選手のための契約です。その中で、グリズリーズ傘下のＧリーグチーム「メンフィス・ハッスル」では毎試合スタメンで出場したり、40得点を挙げる試合があったりしました。

そういう時は間違いなく高揚感があったし、自分なりに充実感も覚えていました。

でもその後はスタートから活躍できず、ＮＢＡの厳しい現実を突きつけられる自分にいら立ちながら、右肩下がりに落ちていく感覚と戦った1年目でした。

２年目は、コロナ禍でＮＢＡは一時中断。再開後、全チームはバブル（大型隔離施設）環境下で試合をすることになりました。オーランドの施設に入り、外部との接触がほぼ断たれた時は、僕のバスケ人生において精神的に苦しい時期となりました。

グリズリーズとの契約が切れた3年目はトロント・ラプターズに拾ってもらいました。２シーズン在籍したラプターズで試合に出られるようになった時には、僕のグラフはぐんぐん上向いていきました。

でも、ある試合でアンソニー・エドワーズ（ミネソタ・ティンバーウルブズ）に僕のブロックの上からダンクを決められて、周囲の笑いものにされた時期があったり、僕自身がコロナに感染してしまって試合に出られない時期があったりして、常に苦しさがつきまとっていた3年目、4年目でした。

5年目は無保証のトレーニングキャンプ契約からブルックリン・ネッツの開幕ロスターを勝ち取ることができました。そこから試合に出始めてスタッツ（成績）を残せていた時期が、NBAでの自分のキャリアの中で最高潮だったと思います。グラフで示すなら、間違いなく最頂点にありました。

しかし、チーム内で大型トレードがあった後は自分の出番がなくなってしまい、瞬く間に落ち込みました。それでも、日本（沖縄）で開催されたワールドカップ2023では、ネッツの最高の時を超えるような、人生でも一番の瞬間を味わうことに。

そして6年目。優勝を目指すチームから求められてフェニックス・サンズに加入したものの、少し時間が経つとまた試合に出られず――。シーズン中にグリズリーズへの初のトレードを通達された時は大きなショックを受けました。そして、僕はどん底を味わったのです。

こうやって振り返ると、本当に**落ちる時はいつもあっという間**だったなと思います。最初の2年間は少しずつ落ちていくような感覚でしたが、そこからは「やっと上がった」と思ったら、すぐに崖の下に突き落とされる――。この繰り返しでした。

でも、何度落とされても、「もう1回、もう1回」と歯を食いしばって這い上がろうと思えたメンタルは、我ながら本当にすごいなと感じています。我慢強さに関しては、自分を誇らしく思います。

その積み重ねがあったからこそ、日本でプレーするという決断ができたんだと思います。今回のNBAから去るという決断は、自分の人生の中で最も大きな選択でした。というのも、もう1年NBAとの契約が残っている状況で、自分が憧れ続けた場所から去るということを決めたわけですから――。

そういう中でも決断することができたのは、何度突き落とされても、その度に這い上がってきた経験を積んできたからだと感じています。

この決断は「あきらめ」でも「後退」でもありません。NBAで自分がやるべきことはすべてやってきたという自負を持てた「心」があったからこそ、アメリカを去り、日本で新たな挑戦をするという選択ができたのです。

誤解されたくないのですが、僕は決して日本での選手生活がアメリカより楽になるとは思っていません。むしろ険しい道になるでしょう。

ロールプレーヤーだったアメリカとは違い、自分に求められる役割は増えて、きっとうまくいかない場面もたくさん出てくると思います。

でも、それでいいと思っています。僕はどんな状況でも、**何度でも這い上がる「心」**をこれからも持ち続けようとしているからです。

「努力」の本当の意味

僕は高校を卒業する時、周囲に反対されながらアメリカで挑戦する道を決断しました。振り返れば、後の人生を左右する大きな「心」の動きだったと思います。

もし、あの時に自分が日本に残る選択をしていたら――。そう考えると怖くなります。僕の性格だったら、環境に甘えることはなかったと思いますが、日本の大学に行っていたら、おそらくすぐ試合に出ることができて、中心選手の1人として活躍していたかもしれません。そうすると、自分中心の考えしか持てない人間になっていた可能性もありました。

少なくとも、僕がアメリカで経験したような苦労はできなかったのではないでしょうか。

結果をすぐに出せる人、やったことがすぐ成果になる人って、成功までの過程で「努力」をあまり感じていないと思うんです。もちろん結果を出しているわけなので、それはそれで素晴らしいと思います。

でも僕はアメリカに行って、できる限りの努力をしないと生きていけないという世界にあえて身を置いてきました。そのおかげで**「努力」の本当の意味**を知ることができたと思っています。

ワクワクと緊張感で迎えたＮＢＡデビュー

２０１８年10月27日、グリズリーズの一員だった僕は、サンズ戦でＮＢＡデビューを飾りました。

前夜、ロスターに入ることが告げられ、はしゃぎ出したくなるようなワクワクと、いよいよチャンスがきたという緊張感で、なかなか寝つけませんでした。

会場は本拠地のフェデックス・フォーラムで、試合開始は夜7時。午前の個人練習と全体練習を終え、午後4時に会場入りした僕は、はやる気持ちを抑えながら、できるだけ冷静さを保とうと努めていました。

そして、大量リードで迎えた第４クォーター。試合時間残り４分31秒の場面で僕の出番がやってきました。NBAデビュー戦は交代出場で2得点と2リバウンド。初得点はフリースローでした。僕自身はシュートに集中していて気づかなかったけれど、後に映像を見返すと、ベンチにいるチームメートたちがみんな立ち上がって拍手で祝福してくれていました。

子どもの頃からずっと夢見てきたNBA選手。このデビュー戦はその目標をかなえた瞬間でした。振り返れば、僕のバスケ選手としてのキャリアの大きな一歩になりました。

日本では田臥《たぶせ》勇太選手以来、14年ぶり2人目となる日本人NBA選手としてニュースになったようですが、正直なところ僕に達成感はあまりありませんでした。もちろん、デビューを飾れたことはうれしかったのですが、冷静に考えると、チームメートにお膳立てしてもらった舞台だったし、チームの勝利にプレーで貢献したわけでもなかったからです。

むしろ「もっとプレータイムがほしい」「大切なのはこの後」と、次のことだけを考えていました。

NBAは何もかも別格

尽誠学園高校を卒業した後に渡米した僕は、ジョージ・ワシントン大学ではキャプテンを務め、ＮＢＡを目指して複数チームの招待制ワークアウトを受けました。ドラフト指名はありませんでしたが、ネッツからオファーを受けてサマーリーグに参加し、そこでは自分で納得できるほどのスタッツを残すことができました。その後、２０１８年7月、ネッツよりも先に手を挙げてくれたグリズリーズとの2年間契約に至りました。

僕のＮＢＡ人生はここからスタートしました。

ＮＢＡ選手になって一番驚いたことは施設の素晴らしさでした。練習場に入ったら、本当に何でもあるんです。ご飯や飲み物、スナックは全部そろっていますし、コートやウエイトトレーニング場はもちろん、リカバリーのためのアイスバス、日本の浴槽のようなホットタブ、リハビリなどで使えるプールなども併設されています。その中で生活が完全にできてしまうくらいの充実ぶりでした。

日本にいた高校時代までは、ほとんどが普通の体育館。あれほど充実した施設を見たことはありませんでした。ジョージ・ワシントン大学に行った時にも「こんなすごい場所でやれるんだ」と感動しましたが、その感情がかわいく思えるくらい、ＮＢＡという舞台は別格でした。

それでもグリズリーズの施設の充実度は、僕が在籍したチームの中では「中の下」といった感じでした。アリーナのサブコートを練習施設として使っていたのがその理由です。ラプターズやネッツ、そしてサンズは練習施設をアリーナとは別の場所に構えているなど、その充実ぶりはさらに素晴らしいものでした。

そんな環境に身を置き、僕はうれしさと同時に身が引き締まる思いでした。「うまくなるためのものは全部そろっている。ＮＢＡがＮＢＡである由縁だな」と感じながら、「この環境は当たり前ではない。選ばれた人間だけが使える特別な場所なんだ」と強く胸に刻みました。

ＮＢＡではコーチやトレーナーも大勢在籍していて、普段の生活で困ったことがあれば助けてくれるポジションのスタッフがどのチームにもいます。生活で困っていれば助けてくれるし、欲しいものの相談にも乗ってくれるのです。

例えば、プロ1年目には自動車の免許を持っていなかった僕が「免許を取りたい」と相談すると、必要な手続きは全部チームで手配してくれて、すぐにプライベートレッスンを受けることができました。

また、ファミリーサービスのようなものもありました。結婚してから妻が英語を習いたいと相談した時には、授業を探してすぐに行けるようにしてくれたこともありました。

そういうスタッフたちがいてくれたおかげで、慣れないアメリカで生活をしていても困ることは一つもありませんでした。

目の当たりにした格差

前述した通り、僕は2ウェイ契約だったので、何かあれば契約しているグリズリーズに相談することができました。でもGリーグだけの契約になっている選手は、体のケアから普段の生活の世話まで対応してくれるチームのリソースが圧倒的に少ないなど、環境面には明らかな差がありました。

トレーナーやコーチの人数は少なく、私生活の面倒を見てくれる人はほぼいません。遠征時の移動はＮＢＡでは座席もゆったりとしたチャーター機を利用しますが、Ｇリーグは一般の方と同じ飛行機のエコノミークラス。だから、僕よりも大きな選手たちは前の席の背面に膝をこすりながらキツそうに飛行機に乗っていました。

遠征先のホテルはGリーグでは２人部屋が当たり前なのに対して、ＮＢＡでは「五つ星」クラスのホテルを利用し、しかも「ミールマネー」という名目の食費手当が支給されます。何億、何十億円と稼いでいる選手たちが、遠征時には1日あたり２００ドルくらいのミールマネーを現地に到着した日の夜にうれしそうに使っていました。基本的にはホテルで食事が出るので、最初の頃は「一体、何のためのお金なんだ？」と不思議に思っていましたが、ＮＢＡというのは、そういう習慣のある場所なんです。

GリーグとＮＢＡを行ったり来たりしていると、そういう環境の落差を嫌というほど実感するわけです。だから、僕だけでなくハッスルにいるみんなが、なるべく早くＮＢＡに上がって、高いレベルでプレーをしたいと真剣に考えていました。

もちろん、生きていく上でお金は必要なので、バスケでもそれ以外の面でもちゃんとしたサポートが受けられるＮＢＡでプレーしたい。そんな思いで限られた枠を勝ち取るため、チームメート同士が血眼になって競争していました。

憧れの選手と戦って芽生えた理想の「引き際」

これから僕の新しい日本でのバスケ人生が始まるというタイミングで書き出した本書の序盤に「引き際」に関する考え方を紹介するのは少し奇妙かもしれません。

でも、僕はもともと30歳までＮＢＡで頑張ったら現役を引退するつもりでした。

そう思わせるくらい、ＮＢＡは過酷で厳しい場所だったのです。グリズリーズにいた1、2年目の頃から「モンスターだらけの大変な世界で、あと4、5年生き抜くことができたら、それだけで満足するだろうな」と考えていました。

尽誠学園高校時代からのチームメートで唯一無二の親友でもある楠《くす》元《もと》龍《りゅう》水《すい》（宮崎・延岡学園

高校バスケ部監督)や日本代表でともにプレーしてきた(富樫)勇樹にはそういうことを常々話していましたし、メディアのインタビューでも、そう答えたことがあります。

それが、あの頃の僕の紛れもない本心だったんです。

引退って、大きく2種類のタイプに分かれると思っています。

一つは、本当に自分がボロボロになるまでやり切るタイプ。

もう一つは、周りに「まだできるのに」「もうちょっと見たいのに」と惜しまれながら、スパッと自ら身を引くタイプ。

僕は後者の方が自分らしいなと思っています。

そう考える理由には、あるレジェンド選手とのマッチアップが大きく関係しています。

僕は、ダラス・マーベリックスで数々の伝説を残したドイツ出身のダーク・ノビツキーのことが子どもの頃からすごく好きでした。

NBAを見始めたきっかけはロサンゼルス・レイカーズのコービー・ブライアントに魅了されたからですが、そのコービーと同じくらいノビツキーのことが好きでした。派手なダンクをするわけではないのですが、大事な場面でシュートを決め続ける姿に惹きつけられました。

特に彼の象徴的なプレーでもあるフェイダウェイシュート（後ろに飛びながら打つシュート）は、子どもの頃によくまねをしていたものです。当時は筋力がなかったので、同じようにはできなかったんですけどね（笑）。

こうやって思い出していると、彼のことを過去形で「好きでした」と書くのは正しくないかもしれません。彼が引退した今でも、本当に大好きな選手だからです。

ノビツキーの現役最後の年。運命のように僕のルーキーシーズンと重なりました。あれは２０１９年４月５日。レギュラーシーズン終盤の敵地ダラスでの試合でした。

グリズリーズはプレーオフの可能性がなくなっていたこともあり、２ウェイ契約だった僕にも試合序盤から出場機会が巡ってきました。

小さい頃から憧れたマーベリックスの英雄であるノビツキーと同じコートに立ち、一緒にプレーすることができたことに、計り知れないほどの感動を覚えました。

でも一方で、複雑な思いも――。

彼は全盛期をすでに過ぎていて、体はボロボロの状態。幼き頃の僕が憧れた、一番輝いていた彼の姿はそこにはありませんでした。自分の思い描いていたノビツキーと、目の前でプレーしているノビツキーはまるで別人だったのです。

この試合、僕は得点を挙げているのですが、それは彼を抜いてダンクを決めたものでした。あの時の僕にとってそういうプレーをすることは大きな意味があったし、ＮＢＡの公式戦で日本人初のダンクということでうれしさもありました。

でも、振り返ると、心の奥底ではこうも思っていたんです。

「俺の憧れのノビツキーが、ルーキーシーズンの渡邊雄太に抜かれたらダメだ――」と。

それは別の側面から見れば、ものすごくリスペクトできることです。彼は体がボロボロになるまでやり切って、まさに「ダラスの顔」として引退した選手です。そして２０２３年にはバスケットボール殿堂入りも果たしました。アメリカで心身を削るような苦労をしてきた自分だからこそ、ノビツキーのキャリアは本当にものすごいことだと感じます。

そして当然ですが、彼があそこまで頑張っていたからこそ、僕が対戦することも実現できたわけです。

でも、あの時「あそこまでいく前に引退したいな」という気持ちが僕の頭をよぎりました。自分が何もできずに若い選手に簡単に抜かれる姿を想像したくなかったんです。

ノビツキーに対してのリスペクトは現在も持っているので、彼の引き際を否定しているとは捉えないでほしいのですが、あくまで自分が逆の立場だったらどうか、と考えた時にそういう思いが芽生えたのです。

戦友の引退で感じたこと

帰国後の2024年5月30日。2019年のワールドカップを一緒に戦ったニック・ファジーカスの引退試合に参加しました。

主役はあくまでもニック。だから僕は「シュートはあまり打たないでおこう」と最初は思っていました。でも、僕が第2クォーターから出るという時に、ニックが「雄太、すぐにダンクできる?」って聞いてきたのです。

「すぐには無理だけど、1、2分体を温めたら大丈夫だよ」と答えると、ニックは「OK。じゃあ、アリウープ（空中でパスを受け取ってそのままダンクを決めるプレー）パスを出すから、ダンクを決めて」と言いました。

本人にそう言われたら、その思いに応えるしかありません。だから彼のためにも、できるだけ派手にやろうと決めました。

ニックの引退試合が行われたとどろきアリーナは、彼の最後の雄姿を見るために駆けつけたファンで満員になっていました。聞くと、川崎ブレイブサンダースの公式戦よりも早くチケットが完売したそうです。アメリカで生まれて、アメリカで育った彼が、日本でこれだけ愛される存在になっている。改めて本当にすごいことだと思いました。

もし僕が、バスケが発展途上の国に行き、そこのパスポートを取得して、その国のためにプレーしてくださいと言われたら――。きっと僕はその決断はできないと思うんです。それをやってきたニック。ここまでくるのには、幾度となく困難を乗り越えてきたはずです。それでも心をブラさなかったからこそ、この日を迎えられたのではないでしょうか。ニックはやろうと思えばもっとできる、というタイミングで身を引いたと思います。僕も全盛期は過ぎたかもしれないけれど、「まだまだやれる」と思える時期に引退ができればいいな、と今は思っています。

でも、将来のことは正直分かりません。今はそう思っているだけで、数年後には自分の思う引退像が変わっているかもしれないからです。

だって、4年前くらいには「30歳までバスケができればもう十分」と本気で思っていたのに、今はバスケがしたくて仕方がないんですから――。

誰かと比べて未熟だった自分

NBA1年目。僕はGリーグのハッスルで33試合に出場して、1試合平均の出場時間は33・9分、14・1得点、7・2リバウンドというスタッツを残しました。2年目はスリーポイントシュートの成功率が上がって、平均得点は約3点増えました。

でも、なかなかグリズリーズからコールアップ（NBAチームに召集すること）されず、1年目のNBA出場は15試合、2年目は18試合にとどまりました。

当時、僕と同じ2ウェイ契約を結んでいたジョン・コンチャーという選手がいました。僕が2年目の時に入ってきて、一緒にGリーグで踏ん張っていました。

2人ともシーズン中はあまりコールアップされませんでしたが、彼は少ない出場機会をモノにして結果を出しました。そして、その年のオフにグリズリーズと大きな契約を結ぶことになったのです。

同じ立場で戦ってきて、Gリーグでの大変さを共有できる、いわば戦友のような存在の彼が大型契約を結んでいる姿を見て、「おめでとう」という祝福の思いがあった一方で、「なんで俺は契約できないんだ！」と自分自身にいら立ちを覚えたことも事実です。

Gリーグでスタッツを残しても、それがNBAに結びつかない。「なぜなんだ――」と自問自答を繰り返し、ストレスばかりがたまっていく日々。

あの時は**自分と誰かを比べてしまっていた**ように思います。

ただ、今になって振り返ってみると、あの頃の僕の技術は全然ダメで、それに加え、心も未熟でした。

僕は1年目で記録した「初めて」をすべて覚えています。初めてフリースローを決めたのがデビューを果たしたサンズ戦、フィールドゴールを決めたのはゴールデンステイト・ウォリアーズ戦、スリーポイントシュートはラプターズ戦でした。

こうやって少しずつスタッツを積み重ねても、なかなかコールアップされない理由。それは、僕が5年目にネッツで活躍していた時に分かりました。

当時、1年目の自分と5年目の自分のシュートを比較する動画を見る機会があったのですが、それを見たら一目瞭然でした。

シュートを打つまでの速さや、ボールをキャッチしてから態勢を整えるまでの速さ。そのどれもが1年目と5年目では圧倒的に違ったんです。目に見えない部分ですが、自信や心の持ち方もまるで違いました。時を経て、「あんなにのろいシュートを打っている選手はなかなか使えないよな」と当時の起用に納得することができました。

NBAでの1年目は、そこまで精神的にしんどいと思ったことはなかったように思います。遠征は初めての場所が多いし、対戦相手は初めての顔合わせも多く、とにかく「初めて」ばかり。毎日が新しい発見の連続で新鮮でした。

なかなかコールアップされないことへのいら立ちはもちろんありましたが、Gリーグでは活躍できていたこともあって、1年目のシーズンは割と楽しめたんじゃないかな。保証はまるでなかったけれど、グリズリーズとは2年間の契約を結んでいたので、「もう1年ある」という安心感が心のどこかにあったんだと思います。

目標はまだまだ手の届かないところにあるけれど、「やり切った」「楽しめた」という感覚が大きかったシーズンになりました。

自らを客観視するために

「常に成長をしなければいけない」

これは、僕が新しい環境に飛び込む時、常に意識していることです。

大学である程度の実績を残したとはいえ、NBAで活躍するにはまだまだ実力不足ということは自分が一番分かっていました。だから常に成長を求め続けていたのです。

幸い2ウェイ契約を結べたことによって、NBAでの最高の待遇と、Gリーグでの激しい競争の両方を体験することができました。

「この環境をうまく利用しなきゃいけない。自分が成長するためのリソースはめちゃくちゃある。だから、これを活用してプラスに変えないといけない。この環境に入れたことだけで満足してしまったら、この世界では生き残れない――」

1年目から、そう自分に言い聞かせていました。

実際、僕は大学の時から意識的にオフの日を作りませんでした。どんな時でも自分の成長のために練習をやり続けていたのです。

僕は昔からNBAが大好きで、よく映像を見ていました。憧れたのはコービーやノビツキー。この2人のレベルが僕の中での「NBA」でした。

彼らと同じ舞台に立つことができた1年目、僕は自分自身がコービーやノビツキーのようなスーパースターになることは難しかったとしても、**この世界で生きていくための武器は努力次第で手にできる**と信じていました。

ありがたいことに、僕は身長（206センチ）の部分では恵まれていたと思います。しかし線が細かったので、アメリカではいつもパワーが足りないという指摘も――。でも、この背丈の割にはフットワークが軽いので、素早いガードの選手をディフェンスすることもできました。これは小さい頃から練習を重ねてきた部分だったので、一つの武器にできるという自信はあったんです。そこにシュート力が加われば、この世界で戦えるんじゃないかと自分でも感じていましたし、周りからも同じように言われていました。

新たな武器を手にするために、コーチや龍水、尽誠学園高校の恩師でもある色摩《しかま》拓也先生など、僕が信頼する人たちにアドバイスを求め、そのアドバイスを素直に聞き入れ、それを自分の中でかみ砕いていく作業を繰り返しました。

それが、**自らを客観視する**ことができるようになった要因だと思っています。

空っぽの自信

グリズリーズでの2年目を迎える前。

2019年8月末から9月にかけて中国で開催されたワールドカップ。日本代表の当時の世界ランキングは48位でしたが、周囲からは「歴代最強の代表チーム」との期待もありました。NBAで1年を過ごした僕、日本人選手として史上初の1巡目でNBAにドラフト指名された（八村）塁、そしてNBA経験のあるニックもいて、（馬場）雄大やマコ（比江島慎）、（田中）大貴さんに至っては、これから全盛期を迎える年齢でした。ただ、勇樹は代表合宿中のケガで離脱を余儀なくされました。

1次ラウンドのグループEに入った日本の対戦相手はトルコ、チェコ、アメリカといずれも格上の強豪ぞろい。バスケを知っている人なら、苦しい戦いになることは分かっていたと思いますが、ワールドカップ予選を勝ち抜いた僕たちに「欧州勢からの初勝利」という期待もあり、東京オリンピックに向けてメディアの注目度もかなり高くなっていました。
そんな中で迎えた大会は、1次ラウンドと順位決定ラウンドを合わせて5戦全敗——。自分の中では地獄のような時間で、本当にしんどかった記憶として深く心に刻まれています。

当時、僕は篠山竜青さんと一緒に共同キャプテンを務めましたが、どんな声かけをしていたかなど、ほとんど覚えていません。そんな僕とは違い、竜青さんは根っからのキャプテン気質で、いつもチームに声をかけながらリーダーシップを発揮していました。僕もできる限りみんなに声をかけながらやっていたつもりでしたが、なかなか成果につながりませんでした。
特にキツかったのは1次ラウンドが終わってから。竜青さんがケガをしてしまい、塁も途中離脱するなど、いろいろなアクシデントがあの2週間くらいの期間に重なってしまったのです。2019年のワールドカップに参加した選手たちは、この大会に対していい記憶は何ひとつ残っていないのではないでしょうか。それくらい、厳しくて、苦しい時間でした。

2016年秋、Bリーグが発足。日本のバスケットボール界がこれから大きく変わろうとしている時期でした。だからこそ、ワールドカップの時は、自分が何かをやることはこれ以上ないと思えるくらい、持てる力をすべて出し切ろうともがいたつもりです。

でも振り返ると、あの時は僕だけでなく、塁も雄大もマコも、世界での経験が圧倒的に足りていなかったように思います。

ある程度は世界と対等に戦える自信はあったけれど、**その自信は何の根拠もない「空っぽの自信」**だったのです。

国際大会を戦う上で自信を持って臨むことはもちろん必要なこと。でも、ワールドカップに出場するのが本当に久しぶりだった日本代表は、世界と対等に戦うために必要なスタンダードは持っていたものの、それは「ワールドスタンダード」ではなかったように思います。

ただ、あの悔しい経験が2023年の沖縄でのワールドカップにつながったことは事実です。4年という時を経て、**何事も経験することが本当に大事**なんだと、やっとプラスに捉えられるようになりました。

「最悪な試合。日本代表として恥」

中国でのワールドカップの順位決定ラウンドでニュージーランドに大敗した後、僕はそう言いました。自分の力のなさ、チームとしてまとまれなかったことへの悔しさが、あの言葉に凝縮されたと思っています。

あの時のチーム目標を思い返してみると——。正直、何を目標にしていたか、明確に思い出すことができません。たぶん、1次ラウンド突破を目標にしていたと思うのですが、それがチーム全体に浸透していたか、ちゃんと全員が同じ方向を向けていたかは疑問です。そのようなチーム状況にしてしまったのは、共同キャプテンの1人でもある僕のリーダーシップがなかったことにも要因があったと思います。

当時のフリオ・ラマスヘッドコーチが、日本代表を変えてくれた部分は大いにあります。ただ、彼自身が「ワールドカップの日本はソフトだった」と振り返ったように、あの大会では日本の弱さばかりが露出してしまいました。

例えば、ラマスコーチはファウルの使い方について僕らに繰り返し指導してくれました。1人5回までファウルを使える中で、その使い方をもっと考えていかないといけない、と。

自分が所属するチームでは30分以上出場する選手でも、代表では10～20分前後の出場にとどまることもあります。それであれば、相手にやられそうな場面でうまくファウルを使って止めないといけない、という方針を事前に伝えられていました。でも、終わってみるとファウルを効果的に使うことはできず、挙句の果てには、日本はファウル数が出場チームの中で一番少ないチームだったんです。

そういうところに僕らの経験のなさ、気持ちの甘さが出てしまったと思います。

もちろん危ないファウルはやってはいけません。でも、国際舞台ではファウルをしてでもプレーを止めないといけない場面が必ず出てきます。そう口酸っぱく言われていたのに、意識的に実行することができませんでした。

あの大会は苦しい思い出が多く、これまであまり振り返ろうとしませんでした。ただ、その後の様々な経験を経て、今こうして思い返してみることで分かりました。

日本が弱かったことにはちゃんと理由があったのだと——。

「八村塁」と「劣等感」

NBA2年目のシーズン開幕後の12月。

その年のドラフト1巡目9位でワシントン・ウィザーズに指名された塁との初対戦を迎えました。NBA史上初の日本人選手同士の対戦ということもあり、ニュースでも大きく取り上げられました。

塁から大きな刺激をもらっていたことは間違いありません。それと同時に多少の嫉妬心のような思いが芽生えていたことも事実です。

彼は1年目からスタートで起用され、30分以上出ている試合もあるくらい活躍していました。それはもちろん、彼の努力以外の何ものでもありません。

でも、なかなか試合に出られていない状況が続いている自分と塁を比べてしまって、自分に対する劣等感を感じたことも正直ありました。

当時、塁のメディアでの取り上げられ方は端から見ていてもすごいものがありました。自分も同じＮＢＡ選手なのに、そこには大きな差があって、まるで別世界にいるような感覚すら覚えました。

僕のＮＢＡ2年目は、1年目と同様に満足のいく出場機会を得られず、自分自身をＮＢＡ選手として認めることができませんでした。そんな時期に塁ばかりが取り上げられて、「世間は俺のことを認めていないんじゃないかな」と卑屈に思うことも——。

そういう意味でも、自分の心の中に沸き上がる劣等感と戦った1年になりました。

小さなご褒美

劣等感と戦う中で「自分」を保つ方法は練習しかありませんでした。ワークアウトをする、努力を続けるということは、どんな時でも僕の習慣になっています。たとえ精神的に苦しくても、肉体的にしんどくても、体は勝手に体育館に向かっていました。

練習し始めると、思いを巡らせていた雑念は一時的に頭の中から消えてくれました。それに加え、ワークアウトに集中して、「普段よりシュートが入っているな」など、喜びを感じるところまで行き着けたら大成功です。

僕はそんな小さな喜びを、本当に大事にしていました。それを意識的にやっていた部分もあるかもしれませんが、ちょっとした成果が出た時にはいつも「自分にご褒美が返ってきた」と思うようにしていました。

ご褒美といっても、本当に小さなことでいいんです。「普段と違う動きでシュートを決められた」とか。他人は気づかないような些細なことを見つけて、自分の中でプラスに考える癖を身につけることは、「心」を保つ上でとても大事なことでした。

塁や同じ2ウェイ契約だったジョンに対して嫉妬心を抱いたところで、それが人間関係でプラスに作用することは絶対にありません。だから、普段は普通に仲良く接していました。そういうところは、僕はちゃんと割り切っていたつもりです。

考えを突き詰めていくと、僕がもしNBAでMVPを受賞したこともあるスーパースターのケビン・デュラントのような選手だったら試合に出られるわけです。でも本契約を掴み取れないのは、単純に僕の力が足りないから。

試合に出られず、どんなに苦しい状況でも、僕はその考えに行き着きました。

自分にそのようなベクトルを向けられたのは、龍水の存在がかなり大きかったと思います。彼とは定期的に話していたのですが、2人でたどり着く答えはいつも一緒でした。

「やるしかない。やることをやって、実力を証明するしかない」

どんな時も、ちゃんとこの答えに戻ってくることができました。だから、同じ2ウェイ契約だったジョンにしても、同じ日本人という塁にしても、彼らが僕より先に結果を出していくことに対して、自分のこととは別軸と捉えることができたのです。

そして、塁がいたおかげで、自分の実力不足を痛感することができました。彼の得点力はNBAでも高い方です。その彼が身近な存在としていてくれたことで、僕はブレることなく努力をし続けようと思えました。

その**「ブレない心」**があったからこそ、メンフィス→トロント→ブルックリン→フェニックス→メンフィスと渡り歩きながら、NBAで6年間もプレーすることができました。もし僕が塁と自分を比べて、その言い訳ばかりを考えて努力をやめてしまっていたら、NBAでのキャリアは最初のメンフィスでの2年で終わっていたのではないでしょうか。

一方で、僕のバスケに向かう真面目さや、努力を継続するという部分においては、他の選手と比べてみても絶対に、より真摯に向き合ってきたという自信があります。

頑張っているのになかなか結果がついてこなくていら立ったことも正直あります。でも、「バスケに対する姿勢」だけは変わることがありませんでした。

できることをコツコツと

世界中で猛威をふるった新型コロナウイルス。あの時は、NBAが一時中断しました。正確な日にちは覚えていませんが、大体1カ月くらいチームの体育館が使えなくなり、その期間は1人での練習を余儀なくされました。

スター選手にもなれば家の中に大きな庭があって、そこにバスケのコートがあって、外部との接触を気にすることなく練習することができます。でも僕みたいな選手は、シュート練習をする場所すらありません。だから、部屋の中でひたすらドリブルを突く日々――。当時はマンションの1階に住んでいたので、下の階の住人に迷惑をかける心配はありませんでした。それは不幸中の幸いでした(笑)。

チームからはアサルトバイクという自転車のように足でこぎながら、手も動かして大きなファンを回していく全身運動用のマシンやダンベルが、トレーニングメニューと一緒に送られてきました。アサルトバイクはかなりキツイのですが、毎日欠かさずやりながら、筋力トレーニングのメニューもコツコツと継続しました。日が落ちてからは、人目が少なくなった頃を見計らって、外に走りにも行きました。

そうやって、1人でもできることを目いっぱいやるしかありませんでした。

約1カ月後、NBAが練習再開を許可した時、チームで身体計測が行われました。どう考えても数値は落ちるはずなのに、僕はあらゆる数値がすべて上がっていました。これにはコーチ陣もさすがにびっくりしていましたね。あの時は我ながら、「この1カ月、サボらずによくやったな」と自分を褒めました。

余談ですが、同期入団でスター選手になったJJJ（ジャレン・ジャクソン・ジュニア）がSNSで「雄太は練習熱心で、今でもフィットネスのメニューで出した雄太の数値がチームの記録として残っている」ということを発信したそうです。

数値についてはあくまで結果でしかなく、それを目指して鍛えていたわけではありません。本当に孤独との戦いだったんです。日本の友達と連絡を取りたくても、時差があったのでそれも躊躇していました。

トレーニング漬けの日々は正直キツかったですが、**僕がやるべきことは「継続する」ことだけでした。**

心を鬼にして

コロナ禍という思いがけない試練。朝起きてから少しダラダラしてしまうことも正直ありましたが、そんな日は昼ご飯を食べてから気合を入れ直して、トレーニングに励みました。

ずっと1人なのでサボったって誰も見ていないし、誰にも文句を言われない環境。そもそも練習がきちんとできないのだから、身体的な数値が落ちるのは当然のことです。

ほとんどの選手は「練習施設が使えるようになってからまた体を作っていけばいいや」っていう考え方だったと思います。でも、僕は違いました。「こういう時こそ頑張らないとダメだ」と思って、心を鬼にしてバイクやランに取り組んでいました。

当時、シーズンは2年目に入り、新しい発見があった1年目のような新鮮さは正直なくなっていました。ある程度分かっていることの繰り返しの中で、結果が出ないことに苦しみ、もがいていた時期でした。でも、そんな時にNBAがいったんストップすることになったのです。

僕はこの時間を「逆にちゃんと利用しよう」と考えました。
あの時は新型コロナウイルスでたくさんの方が亡くなったり、苦しまれたりしていたので、ポジティブに捉えることは難しかったのですが、こんな状況でもプラスにできるところはしなきゃいけないと自分に言い聞かせていました。
もちろん、不安はありました。シュート練習がまったくできなかったので、「チーム練習に戻る頃には自分のシュートはどうなっているんだろう」と、ある意味で恐さすら覚えました。それまでは休んでも最大で1週間くらい。1カ月もシュートを打たないなんて、僕の人生で一度もありませんでした。だからこそ、「シュートが打てない分、体と心を鍛えてやろう」と思ったのかもしれません。

何かが欠けているから頑張れる。

そういう考え方が、常に自分の中にあるような気がします。

僕がやるべきことは
「継続する」ことだけ――

絶対的な孤独との戦い

僕の人生で最もしんどかったことの一つが、2019年のワールドカップでした。トップ3を挙げるなら、U18のアジア選手権、コロナ禍で迎えたNBA2年目のシーズンが加わります。

U18のアジア選手権については、とにかくケガとの戦いでした。試合中に松葉杖がないと歩けないくらいの捻挫をしてしまったのですが、自分がキャプテンに指名されていたこともあり、なかなか休むという決断ができず、痛み止めを飲みながらプレーを続けていました。その後に指も脱臼しましたが、「捻挫に比べたら大したことがない」と、テーピングを巻いて普通に試合に出るほど、感覚は麻痺していました。

あの時は精神的にもかなり追い込まれていたので、とてもつらかった思い出として残っています。しかし、ああいう経験をしたことで「心」が強くなれた側面もあったかなと思います。

その時と同じ、いや、それ以上にしんどかったのがグリズリーズでの2年目。ケガや勝てない悔しさとは別次元の苦しさがありました。

そもそも、NBAは孤独との戦いでした。結婚してからの妻の存在は、僕にとってものすごくプラスになったけれど、それまでは本当にアメリカでポツンと1人――。

度々紹介している龍水とはオンライン通話で定期的に話はしていましたが、実際に会える距離に相談できる人はなかなかいませんでした。

もちろん自分と同じような立場で話せるチームメートはいました。でも、その選手は前に紹介したジョンのように、ある意味でライバルでもあるのです。だから、どうしても腹を割って何でも話せる関係にはなれませんでした。

そんな孤独の中で、さらに孤独に拍車をかけたのがコロナ禍によるバブル環境下でのリーグ開催でした。

２０２０年3月にＮＢＡは一度中断されましたが、7月末に再開することに。この時は、上位22チームがフロリダ州オーランドにある「ディズニー・ワールド」の中に用意されたバブルに集まって試合を行いました。

１５０億円以上を費やしたというＮＢＡの試みはまさに規格外。しかし、外とのコンタクトを一切断たれ、自分の部屋と練習場を行き来するだけの日々になりました。やっていることは以前と変わらないとはいえ、外の世界とのつながりがなくなってしまったことは、自分にとってかなりしんどい経験でした。

僕は、1人でいることが割と好きな方です。だから、メンフィスの自宅で取り組んだ1人のトレーニングも前向きに続けることができました。でも、そんな僕が絶対的な孤独を感じたのです。バブルにいた、あの約2カ月は――。

試合に出ていたら、また状況は違ったかもしれません。でも、僕は試合に出られず、練習にも満足に参加させてもらえませんでした。NBA自体が数カ月中断していた影響で、チームとしては短い時間で仕上げないといけないという事情がありました、そうなると、若手の2ウェイ契約だった僕を積極的に試してみようという余裕はあの時のチームにはなかったのです。

だから、僕はサイドラインで練習を見ているだけの状態が続いていました。

その中で、できる限りの努力はしようと個人練習は続けました。最初のうちは何人かが夜のワークアウトに来ていたので一緒に練習をしていたのですが、次第に他の選手たちは来なくなり――。日によって違いはありましたが、午後8時から10時くらいまで、たった1人で練習をする時もありました。

ディズニー・ワールドは想像を絶するほど広く、その敷地内の何もないところに僕らが泊まったホテルはありました。

真っ暗な道をバスで移動する時、遠くの方にシンデレラ城がポツンと見えるんです。それ以外にも様々なアトラクションが目に入って、最初の頃は「ディズニー感満載で楽しそうだな」って気楽に思っていたくらいです。

でも、ディズニー・ワールドの楽しそうな雰囲気と、自分が感じている孤独とのあまりの落差に、思わず涙が出そうになったことも――。

あの時は、「とにかくこの場所から1日でも早く解放されたい」という思いがずっと心の中にありました。

一般的には「夢の国」と言われるディズニー・ワールド。でも、僕にとっては心が絞めつけられるほど苦しい印象が残っている場所なのです。

弱みを認めて向き合う

グリズリーズ時代、マイク・ノイズというコーチが僕に目をかけてくれました。お世話になった方はほかにもいるけれど、特に彼とは気が合いました。

コーチなのに、選手にトラッシュトーク(相手を挑発したり、心理面を揺さぶったりする言動)を仕掛けてくるような面白い人で、選手側から頼めば必ず体育館に来てくれて、いつも100

%のエネルギーでワークアウトに付き合ってくれました。

マイクコーチは僕が6年目にグリズリーズに戻った時もまだチームにいました。その時は自分のワークアウトの担当ではなかったけれど、最初の2年間は彼にすごく助けられました。

一番助言されたのは、シュートのことです。前述したように1、2年目は今よりもフォームに安定感がなかったので、シュートにいくまでのスピード感、ボールをキャッチしてからの動きなど、技術的な助言をもらっていました。そして、彼は常にこう言ってくれました。

「雄太はいつもバスケに対して真剣に取り組んでいる。だから、必ず報われる」

あまり結果が出ていない僕にポジティブな言葉をかけてくれたマイクコーチ。そんなコーチが身近にいてくれたからこそ、「また明日も頑張ろう」と奮い立つことができました。

ボールを蹴飛ばした選手

一方で、絶対にまねはしないと反面教師にしたチームメートたちも数多く見てきました。

バスケに向き合う態度に問題がある選手は、たとえ抜群の才能を持っていても不満ばかりを口にして、何かが起きたら、いつも他人のせいにするのです。そういう選手たちの言動を見ながら、「自分は絶対にこうならない」と言い聞かせていました。

ある日の練習で1人の選手が、2回ほど同じミスをしてコーチに怒られていました。すると、彼は自分の近くにあったボールを思い切り蹴飛ばしたんです。あれには正直驚きました。

明らかに自分が間違ったことをしているのに、不満をボールにぶつけてしまう。絶対に自分でも悪い行為だとは分かっているはずなのに、素直に「はい」と言えない。こんな振る舞いを実際にしてしまう彼には逆の意味ですごいなとあきれてしまうほどでした。

その選手はその後NBAから姿を消しました。プレー以前の問題で案の定、すぐにカットされたのです。

NBAでの6年間、僕は比較的コーチには恵まれていました。もちろん、コーチの方々の能力もあるけれど、**足りないことを足りないと僕自身が素直に認める**ことができたことも大きかったのかなと思います。

コーチも「人」です。だから、いくら仕事とはいえ、態度の悪い選手に教えるのは嫌なはず。逆に、彼らの話を素直に受け入れる選手、コーチングのしがいがある選手には、より情熱を込めて教えてくれるものです。それはきっと、アメリカでもほかの国でも変わらない真理なのかなと思っています。

僕は、アメリカのスラング（俗語）で「ジム・ラット」と言われる、ネズミのように体育館にずっといるような選手で、いつもコーチに「シューティングがしたいから来てほしい」と頼んでいました。

だからマイクコーチだけじゃなくて、たくさんのコーチ陣が僕に情熱を持って接してくれたんだと思います。NBAのコーチたちとそういう関係性を築くことができたのは、自分にとっては大きな財産になっています。

見てくれている人は必ずいる

バブルで行われた2年目のレギュラーシーズン終盤。試合終了間際に出場して、4得点を挙げたオクラホマシティ・サンダー戦の後だったと思います。チームのロスターの1人だったカイル・アンダーソンが控室に戻る時に僕のそばに寄ってきて、こんな言葉をかけてくれました。

「雄太、ほかの29チームはきちんとお前のことを見ているぞ」

カイルにとっては何気ない言葉で、大きな意図があったとは思えません。でも彼とはずっと一緒に練習していたので、僕の姿を他の選手よりも見てくれていたはず。その中で、何かしら思っていたことが、あのひと言につながったのではないでしょうか。

僕のグリズリーズでの2年目の出場試合数は18試合。1年目よりわずかに増えましたが、1試合平均のプレータイムは半減してしまいました。フィールドゴール成功率が上がるなど、成長を感じられた部分はあったものの、なかなか試合に出ることができない自分へのいら立ちの方が大きかったように思います。

しかし、試合に出られない悔しさを表に出したことはありませんでした。でも、カイルはきっと僕の心の揺れを感じ取ってくれて、「ほかの29チームは雄太のことを見ているぞ」と言ってくれたんだと思います。正直、すごくうれしかったし、**僕のことをちゃんと見てくれている人がいる**んだと思うことができました。


カイルだけでなく、グリズリーズにはロールモデルになる選手がたくさんいました。

例えば、僕が1年目を終えた後にユタ・ジャズに移籍したマイク・コンリー。彼は人格者で家族思いの素晴らしい選手。スーパースターなのに、おごらず、正しいプレーをいつもしていました。僕の入団初日、すぐに気さくに声をかけてくれたことも大切な思い出です。「自分もこんな選手になりたい」「こんな人間になりたい」と思える理想の選手でした。

失敗する道と成功する道

ＮＢＡにはカイルやマイクのようにリスペクトできる選手がいた一方で、反面教師にしなければいけないような選手もたくさんいました。本当に両極端なんです。

ただ、ずっと生き残ることができる選手には、マイクが持っていたような謙虚さみたいなものが必ずあったように思います。

成功している選手の「成功の仕方」には、いろいろな形があると思います。僕はよくバスケットボールクリニックなどで「何が成功の秘訣ですか」「どうすればＮＢＡ選手になれますか」と聞かれるのですが、いまだに分かりやすい答えが思い浮かびません。

でも、**失敗する人、うまくいかない人の傾向、すなわち「失敗の仕方」は共通しています。**

それは、「言い訳をする」「努力できない」ということ。

日本でプレーすると決めた僕は、自分なりに成功の道を見つけようともがいています。

その成功の道を見つける過程において、これまでも大切にしてきたこと——。

絶対に言い訳はしない。
自分自身の軸をきちんと持つ。
努力を惜しまない。

そのことだけは、これからもブレることなくやっていくつもりです。

この世界で生きていくための武器は
努力次第で手にできる

第二章

可能性とは、挑戦者だけが持てる勇気のことである

2020〜2022年 トロント・ラプターズ

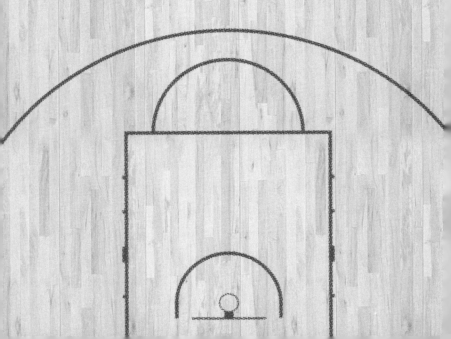

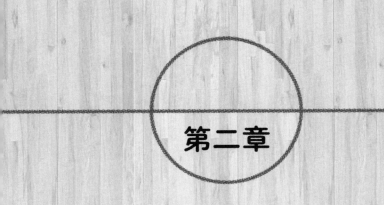

メンフィス・グリズリーズとの2年契約が終わる前の時期。あれは確か２０２０年の6月頃だったと思います。

「勘違いメンタリティって大事だよな」

いつものように親友の楠《くす》元《もと》龍《りゅう》水《すい》と電話で話していた時に出てきたこの言葉のことを僕は今でも鮮明に覚えています。

勘違いメンタリティ

プレップスクール（大学進学の準備をするための学校）や大学を含めた6年間のアメリカ生活を経て、僕自身が競争の激しい世界でやっていくには不向きな人間なんじゃないかと感じていました。自分自身とちゃんと向き合ってみると、実は「ＮＢＡには向いていない性格」だったんです。

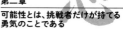

どうやら龍水も同じことを感じていたようで——。

龍水との電話では、グリズリーズで同僚だった、とある選手の話になりました。彼は母国の代表としてパリオリンピックにも出場した実力の持ち主ですが、キャラクターはかなり個性的な選手でした。

ある試合のタイムアウト後、彼はコーチから出された指示を実行できなかったことがありました。それは僕がベンチから見ていても分かるような明確なミス。その後、彼は交代を告げられました。ミスをしたから当然の采配です。もしこれが普通の選手、特に日本人選手だったなら、がっくりと肩を落としてへこむ姿が容易に想像できます。

でも、彼は違いました。

ベンチからの指示に対して、「なぜ俺が悪いんだ」「なんで俺が交代なんだ」と心の底から思っているような憤然とした態度を取ったのです。

その時の彼の態度やパフォーマンスはプロ選手の行動としては良くなかったかもしれません。でも、そういう選手が生き残るのがＮＢＡ。道徳の授業で習うことの真逆をするようなヤツらがゴロゴロといる世界なんです。

龍水と話しながら、僕にはもっと、彼のようなメンタリティが必要だという結論に至りました。

「自分が一番の選手なんだ。だから俺の選択が正しいんだ」

そう言い切れるような考え方をしなければいけないんじゃないかと――。

普段から周りに言い訳をせず、やるべきことをやっているからこそ、僕自身がもっと勘違いをして「なんで俺をもっと試合に出さないんだ」と言えるような、強気のメンタルを持ってもいいんじゃないか――。

そんな話で盛り上がりました。

当時は「自分本来の性格のままでは、とてもじゃないけどやっていけない」「NBAという世界でやっていくためには、いわゆる『いい人間』だけではダメなんじゃないか」と試行錯誤をしている時期だったこともあり、本来の自分とは違う「頭のネジが1本外れたような人間になった感覚でやってみよう」という話に落ち着いたんです。

そこで、2人で名付けたのが**「勘違いメンタリティ」**でした。

二つの自分の狭間で

NBAには身体能力だけでなく、考え方まで化け物のような選手たちが集まっています。もちろん、いわゆる「いいヤツ」もいっぱいいました。でも、「いいヤツ」だけでは生き残ってはいけないのです。

前述したような、僕が反面教師にした誰から見ても問題のある選手はもちろん早々にカットされます。でも、バスケに対して全力で取り組んだ上で、他人とは違う個性を持っていないと生き残っていけないのが「ＮＢＡ」という世界なんです。

だから、僕がトップレベルに到達するためには、ちょっと頭のネジを緩めないとダメだと真剣に考えました。

当時は3年目を迎える前。グリズリーズとの契約が切れることが分かっていたこともあって、とにかく自分がＮＢＡで生き残るため、幼い頃からの夢にしがみつくために、本当に必死だったんです。

自分にできることは、性格を変えることを含めて、何でもやってやろうと思っていました。

ただ、人間の性格はそう簡単に変えられるものではありません。いわゆる「いいヤツ」な本来の自分も、「ぶっ飛んでいる人間」になりたい自分も、どちらも捨てられない。あの時はずいぶん中途半端な人間だったと思います。でも、そうやって自分本来のキャラクターを捨てなければいけないと思い悩むくらいもがいていたんです。

二つの自分の狭間にいて、振り切れていない自分がそこには存在していました。

最終的には、「これは違う。俺は俺でいなきゃいけない」という考えに至りました。「普段の自分らしさを貫き通すしかない」と――。

周りから見れば右往左往しただけで、結局は何も変わらなかったと思われるかもしれません。でも、ああやってもがき苦しんだことが無駄だったとは思いません。龍水と話しながら、新しい言葉まで考えて（笑）、**自分ができることをすべてやろうと努力すること**が、ＮＢＡという最高峰の舞台で挑戦し続けるためには必要だと改めて気づくことができました。

まったく違う心の持ち方にトライした自分がいたからこそ、今の自分のままでいいんだと強く認識することができたわけです。だから、龍水と一緒に試行錯誤した時間は、すごく有意義だったと思います。

ただ、よくよく考えると、自分自身もある意味では「普通ではない」という気がします。アメリカの選手たちのようなクレイジーさはないけれど、客観的に見ると、自分の「くそ真面目さ」は、その方向で突き抜けている気がするんです。

僕が本当に普通の感覚を持っている人間だったら、もっと早くあきらめて、別の道を選択していたのではないでしょうか。でも、ここまでやれたのは、自分がある意味で普通ではなかったからだし、人と比べてものすごく頑固な一面があったからだと思っています。

一つだけ、僕は世界の中でも突き抜けたものを持っている、と少し胸を張って言うことができるんじゃないかな。

短い言葉に変えるなら、それは**「あきらめない心」**と言えるのかもしれません。

バスケの神様

ＮＢＡ2年目を終えてフリーエージェントになった僕は、「次の契約は正直難しいだろう、いけてもマックスでキャンプまでだろうな」と感じていました。

そんな中でトロント・ラプターズのミニキャンプに参加させてもらい、それなりの評価を得ることができました。そして、チームメンバーがそろうキャンプにも来てほしいというオファーがあり、その時にラプターズと結んだのがエグジビット10契約でした。

まず僕が評価してもらえたのはディフェンス。それに加え、今までの経験から、コーチが求める役割をすぐに理解することができたこともプラスに作用し、チームの中では最下位の契約だったにもかかわらず、キャンプではスターターに交じって練習する場面もありました。

「いい評価をしてもらえている」という手応えもありましたが、大きな不安が――。

実はこの時期、人生で初めて「イップス」のような症状に陥ってしまったのです。

イップスとは一般的にスポーツや楽器演奏などの緊張を強いられる場面で、普段はできているプレーやパフォーマンスができなくなり、自分で体をコントロールできなくなる状態を指します。いわゆる「心」の問題です。バスケの世界では特にフリースローの時に起こることが多いと言われています。

僕の場合、練習でシュートを打とうと思ってボールをキャッチした瞬間、肩や背中が固まってしまってシュートがまったく打てなくなったんです。こんなことは生まれて初めてでした。そんな感覚がその後もずっと続いてしまいました。

当時、約1週間のトレーニングキャンプ後にシャーロット・ホーネッツとのプレシーズンマッチが2試合組まれていました。

僕はその試合の前日、両親に電話をしました。アメリカに行ってから両親に弱音を漏らしたのはこの時が初めてだったと思います。

「もう正直、無理かもしれない」

「技術的にどうこうではなく、シュートがちゃんと打てなくなってしまった」

そんな話をしたことを覚えています。そして、2人にこう告げました。

「明日の試合には使ってもらえると思うけど、きっとシュートは入らない。僕のNBA生活はいったん終わると思う」

無論、両親はショックを受けていたと思います。僕自身、誰かに話して何かが変わるわけではないことは分かっていました。それでも、誰かに聞いてもらわないとやっていけないくらい、精神的に追い込まれていたのです。

次の日の試合では、前半はローテーション入りが確定しているメンバーの8人ぐらいが出場していました。そして迎えた後半。その主力組を全員休ませ、ローテーション入りを目指すメンバーや、僕のようにギリギリでロスター入りを目指すメンバーに出場機会が与えられました。そんな中で僕は後半のスタートでいきなり出してもらえることに。「このタイミングで出してもらえるんだ」とうれしく思う反面、「でも絶対にシュートは決められない」と心は沈んでいました。ディフェンスでできる限りのプレーをして、シュートを打たずに終えることができるのなら、それが一番いいと思っていたくらいです。

そんな状況下で僕は試合序盤にいきなりノーマークでパスをもらうことになります。正直に言えば「ボールが来ちゃった」という感じです。

「もう、打つしかない――」

そんな状況で無我夢中にシュートを打ちました。あの時は、シュートを打ったというより、ボールをぶん投げたという感覚に近かったかもしれません。

そんな風に投げたシュートだったのに、ボールはリングに吸い込まれていきました。

「バスケの神様がボールを入れてくれた——」

あの瞬間も、今振り返ってみても、本当にそう感じます。

そしてシュートが決まった瞬間、体からスーッと力が抜けていった気がしました。そう、イップスが解消されたのです。

その後のプレシーズンマッチは、あの体のこわばりがうそのようにシュートが決まるようになりました。そして、その活躍がそのままラプターズとの2ウェイ契約につながったのです。


僕は今でもあの苦しかった日々を思い返す時があります。

あのシュートが外れていたら——。

僕のNBA人生はあそこで終わっていたかもしれません。いや、もしかしたらバスケ人生すら危うかったと思います。

見ている人からすると記憶に残るプレーではなく、プレシーズン中の、たった1本のスリーポイントシュートだったかもしれません。

でも、僕にとっては間違いなく人生を左右する1本だったのです。

ダメ元で送ったダイレクト・メッセージ

「よかったね――」

あのシュートを決めた試合の後、母が泣きながら電話をしてくれました。「あんなに『シュートは絶対に入らない』って言ってたのにね」と声を詰まらせながら言った母は、どことなく笑顔がこぼれているだろうな、と容易に想像がつきました。

アメリカに行ってから初めてこぼした弱音。きっと両親はすごく心配だったと思います。でも、この母からの電話で少しホッとした声を聞いて、僕も心から安堵しました。

あの試合よりも少し前の話も、紹介したいと思います。

イップスになった時、僕はプロゴルファーの宮里藍さんに相談したことがありました。それまではあいさつをした程度で、面識はほぼなかったのですが、僕がたまたまスタジオ出演させてもらったテレビのニュース番組で、宮里さんがVTR出演で「昔、イップスで悩んでいた時期がある」と話されていたのをなぜかよく覚えていたんです。

映像を見ていただけの存在でしたが、僕はダメ元で彼女のインスタグラムにダイレクト・メッセージを送ってみました。すると——。

「私の時はこういう感じでした」と、とても丁寧に、しかもかなり長い文章で返信をくださったのです。自分からメッセージを送っておきながら、僕の方が申し訳ないというか、恐縮してしまったのを覚えています。

宮里さんは本当に優しくて、謙虚な方でした。彼女の言葉はすごくありがたかったですし、いろいろなアドバイスをその時に聞くことができて、「こういう捉え方があるんだ」「こういう考え方ができるのか」とたくさん参考にさせてもらいました。

僕は、あまり知らない方に自分から積極的に声をかけるようなタイプの人間ではありませんですが、あの時はとにかく何かにすがりたい、このまま終わってしまうのは嫌だって心底思っていたんです。

まして、ラプターズからディフェンスの部分を評価されていたのは間違いなかったので、「あとはシュートさえ決めれば」という地点まで到達していました。そんな時にイップスになってしまった僕には、じっくり心を回復させる時間はありませんでした。

コーチが見ていないところの個人練習では問題ないのに、チームメートがいたり、コーチがいたりする練習の時だけ、体がどうにもおかしくなってしまう――。メンタルの問題だということは分かっていましたが、どうすればいいか対処方法が分からず気持ちばかりが焦り、本当に、本当にもどかしい時間でした。

「何でもいいから」「もしヒントがあれば」と解決方法を模索していたあの時の僕は、藁にもすがるような思いで宮里さんにメッセージを送ったのです。

親身な言葉すらしんどい自分

月日が経ってからあのスリーポイントシュートを映像で見返してみました。すると、いつもと変わらない普通のシュートだったんです。自分が思っていたような、ぶん投げた感じはまったくありませんでした。あの時は、心から「俺のところにパスがきませんように！」と思っていたのに、なぜあれができたのか――。今でも不思議です。

逆に、狙って打っていたら、肩や背中が硬直してしまって、めちゃくちゃ変な外れ方をしていたかもしれません。

イップスのように精神的な問題で体が動かなくなることは、ゴルフや野球など、他のスポーツでも事例を聞いたことがあるし、一般社会でも似たようなことが起こると認識しています。

あの時の僕と同じようにイップスで悩んでいる人から、克服した人間ならではの解決策を問われたとしたら――。あくまで「自分のケースでは」という言い方しかできず、明確な答えを伝えることはできないと思います。

「もういいんだよ。雄太は十分頑張ったから」

「ダメだったらダメだったでいい。何も考えずにプレーしたらいいんだよ」

僕が両親に弱音を吐いた時、こう言われました。

両親からすると、苦しんでいる息子をなんとかしてあげたいと思って出た言葉だったと思いますが、あの頃の僕は、何も考えずにプレーすることができないから、何をやってもダメになってしまっていたんです。だから、このような優しさからくる親身な言葉すら、自分の頭に入ってこないような状態で、逆にしんどくなってしまう感覚がありました。

このような経験があるからこそ、あの時の僕と同じように困っている人たちに今の僕が何をしてあげられるかを考えても、明確な答えを出すことができないのです。

あえて言うなら、「たぶん、何もしてあげられない」ということかもしれません。静かに見守るしかないんです。それが正解と言えるかどうかは分かりませんが、あの時の僕は救いを求めていたのに、何かを言われることすら苦痛でした。だから、**自分のように考え過ぎたり、思い悩んだりするタイプの人間にとっては、そっと見守ってくれることが一番の処方箋になるような気がします。**

あのシュートそのものは自分の実力ではなく、「バスケの神様」がリングの上に出てきてくれて、ボールをポンと掴んでリングの中に落としてくれた――。

そんなラッキーなシュートだったと思っています。

でも、コツコツとやってきた積み重ねがなかったら、あの場面でボールをぶん投げることすらできず、僕のＮＢＡ人生が終わっていたかもしれません。

今、あの時の自分に出会ったら、僕はこう言うと思います。

「まずは勇気を出して宮里さんにメッセージを送ってアドバイスをもらえよ」と。

苦しみながらも、何とか前に進むためにとった行動が、僕を縛っていた何かを振りほどくきっかけになったことは間違いないと思うからです。

地道な努力が幸運を運んできた――。

僕は、そう信じたいんです。

小さなアジャストメント

ラプターズ加入が決まる前の僕は、靴のサイズやテーピングの巻き方、シュートの指の位置など、小さなアジャストメント（調整・修正）をたくさんやっていた気がします。

そういう試行錯誤の数々も、今思えば自分の努力の一部でした。

ＮＢＡに入った頃、僕は30・5センチのバッシュを履いていました。大学の頃からちょっときついくらいのサイズ感が好みだったので、ずっと足の指の爪が5本とも真っ黒になってしまうくらい「死んでいる」状態。「バッシュのサイズを変えなきゃいけないだろうな」と思いつつ、当時はなかなか踏ん切りがつきませんでした。

そんな僕に転機が訪れたのは、ＮＢＡ2年目が終わった夏、日本に帰っていた時でした。

ある日、味の素ナショナルトレーニングセンターで練習をする機会があったのですが、僕はバッシュを忘れてしまい、「裸足でやれることをやろうかな」と思っていました。すると、たまたまそこに32センチの新品のバッシュが置いてあったので「これ、借りていいですか?」とスタッフに聞いてみたところ、「いいよ」と快諾いただいたのがきっかけで、32センチを初めて履いてプレーしてみました。すると、「めっちゃいいやん、これ」となったんです。

バッシュのサイズ変更は、このように偶然の産物だったのですが、それがきっかけとなって「もう少しいろいろなことを試してみようかな」という好奇心が芽生えました。

例えば、指のテーピング。僕はもともと、痛めた人差し指あたりに巻いていました。ただ、手汗がひどくて、その汗でボールがツルツル滑るんです。テープを巻いた方が汗に影響されないかもしれないと思って、「とりあえずいろんなところにテーピングを巻いてやってみよう」と実験してみました。全部の指に巻いてみたり、薬指と小指は外してみたり――。

そうやっていろいろと試していたのですが、僕の手が汗かきだという事実は変わりません。だからテーピングをあれこれ巻いたところで、練習中にスッポンスッポン抜けていくんです(笑)。シュートを打つ度にそれを拾って、また着けての繰り返し。結局、「逆に邪魔だな」と結論づけて、必要な時以外はテーピングを巻くことをやめました。

最適解は十人十色

シュートの時、利き手とは逆の右手親指を使うようになったのも、ラプターズに入った頃だったと思います。昔、正しいシュートの基本は、漫画『SLAM DUNK』に出てきた「左手はそえるだけ」でした。僕の場合は「右手はそえるだけ」でしたけど(笑)。

ずっとそれが正解だと思ってやっていたのですが、ある日、シュートがよく入る人の映像を見ていると、みんな逆手もうまく使いながらやっていることに気づいたんです。

それから僕も右手を少しずつ使い出して、「これの方がいいな」「いや、こっちの方がいいかも」と、自分の中でフィットする感覚を探っていきました。

映像で見てもほとんど分からないレベルの変化ですが、僕の場合は打つ瞬間にちょっと右手の親指で支えるくらいのイメージで打つといい感覚がありました。打っている瞬間は完全に左手だけですが、一連の動作の中でちゃんと右手の親指が使えているかどうかをすごく大切にしています。

結局、その人にとって一番合うやり方を探すことが大切なんです。左手をそえるだけがベストの人もいれば、逆の手も使って打つことが合っている人もいる。**これが正解という答えはな**

いので、やりながら自分の「最適解」を見つけていくしかありません。

シュートに関しては、僕は試行錯誤の繰り返しでした。どうすれば自分がいいシューターになれるかをずっと追求していたので、数を打ったり、フォームを微修正したり——。本当に様々な方法を試しました。

やることをやっているのに結果がついてこない時には、練習方法や技術そのものに問題があるかもしれないと思い、自分を根本から見つめ直すことも。テーピングの量を変えるような「そんなことをしても無駄でしょ？」と思うことも試しながら、自分にとって何が必要か、必要じゃないかを問い続けました。

このように、僕は自分がうまくなるために、アメリカで常に「いいもの」を探していました。バスケには様々な基礎となる動きがありますが、シュートにしてもドリブルにしても「これが正解」というものはありません。

それぞれに合ったシュートフォーム、アプローチの仕方、メンタルの持ち方があるのです。

十人十色の最適解。

それを見つけるためには、様々な情報を「材料」として持っておくことが大切だと思っています。僕の場合は映像を見たり、コーチやチームメートに聞いたりして「材料」を増やしていきました。

その中で**必要なものは取り入れて、いらないものは排除していく。そして、自分の中でいいと思ったものは継続する。**

その繰り返しなくして成長はなかったと思います。

あきらめないことで生まれる可能性

ラプターズの一員として戦っていたNBA3シーズン目。

とてつもなく悔しいプレーがありました。

2021年2月、ミネソタ・ティンバーウルブズ戦の第3クォーター残り10秒。そのシーズンのドラフト全体1位指名だった大物ルーキーで、後にパリオリンピックでアメリカ代表になるアンソニー・エドワーズに豪快なダンクを決められて、ブロックに飛んでいた僕はコート上に吹き飛ばされました。

ダンクを決められた瞬間、「最悪だ」と思いました。

「きっと、このプレーの動画はすぐにＳＮＳで拡散されて、僕は世界中の笑い者にされるんだろうな――」

そんなことが頭をよぎって、心が沈みました。

アメリカはああいうド派手なプレーが大好きです。やった選手はものすごくたたえられて、ＳＮＳでも大盛り上がり。逆にやられた側の選手は悪い意味でフォーカスされてしまうんです。もちろん、僕もＳＮＳで嘲笑されました。

もし、同じような場面に遭遇した場合、その時はブロックするか、しないか――。

「もう、飛びたくない」

そう思ってしまうくらい、怖いプレーでした。

僕はその後、メディアの取材で「１００回のうち99回ダンクされても、１回でもブロックできるチャンスがあれば飛びます」と話しました。

そのコメントは、半分は本音でしたが、半分は強がりです。本音を言えば「飛びたくない」と思う自分がいることは確かでした。

でも、僕はまたやってしまうんです。

「恥ずかしさや批判。そんなことはさておいて」と、まるで先を見ない自分がそこにはいました。

この熾烈なNBAという世界で生き残っていくためには、強いヤツらに戦いを挑みに行くメンタリティが必要でした。やられても、やられても、その度に立ち上がる。たとえそれが合理的ではないと言われても、変だと言われても――。

メディアに対して、「飛びたくない」という本音は飲み込みましたが、「1回でもブロックできるチャンスがあれば飛ぶ」というコメントは、決してあきらめない「Yuta Watanabe」という個性を示すためにも大きな意味があったと思っています。

「あきらめないことの大切さ」は、スポーツの世界でよく使われる言葉です。

何回失敗しても、うまくいかなくても、1回でもチャンスがあるんだったらその場所に飛び込んでいく。そしてチャレンジする。

これにはとてつもないエネルギーが必要だけど、それをやり続けるのが「Yuta Watanabe」という人間なんだと思っています。

可能性とは、挑戦者だけが持てる勇気

少し話が変わってしまうかもしれません。

僕が尽誠学園高校に在籍していた時、恩師の色摩《しかま》拓也先生がよく仰っていたのが**「100回やって99回負ける相手でも、1回チャンスがあるんだったら、その1回を本番に持ってくればいい」**という言葉でした。

僕があの時に発したコメントは、色摩先生の言葉が脳裏に刻み込まれていることで出たのかもしれません。

色摩先生はこんな言葉もよく言われていました。

「可能性とは、挑戦者だけが持てる勇気のことである」

僕は、この言葉が大好きです。

先生はこの言葉を、ミーティング時の映像の中や、部の卒業生を送る会で流すビデオ映像に必ず入れてくださっていました。

下級生の時から何度も何度も耳にしたこの言葉。

挑戦する勇気さえあれば、そこに新たなものを生み出す可能性が生まれる。でも勇気を振り

絞れない人間には、その可能性すら生まれない。

僕は先生の言葉をこのように理解しています。

そして、バスケ選手に限らず、何かにチャレンジするすべての人に響く言葉だと思っています。

「渡邊雄太」という人格形成には、色摩先生に指導していただいた影響、そして責任感の強い両親に育てられた影響が深く関係しているように思います。

様々な人たちから影響を受けながら育まれた**「挑戦する心」**のおかげで、僕はあのダンクをブロックしにいくことができたし、そこから立ち上がる反骨心を持つことができました。改めて多くの支えに感謝したいと思います。

飛躍と幸運

ラプターズでの1年目は、僕にとって飛躍のシーズンとなりました。

グリズリーズではGリーグでしか活躍することができなかった自分が、このシーズンはNBAという舞台で躍動できる活路を見いだすことができた1年になったと思います。

前述したように、エドワーズにダンクを食らって調子を落としてしまい、試合に出られなくなった時期もありました。でも、チームの成績が落ち込んで主力を温存するようになると、僕らベンチメンバーが試合に出られる機会が増えました。僕は２０２１年３月のデトロイト・ピストンズ戦でキャリア初の先発出場を果たし、4月には3試合連続で2桁得点を記録するなど、オフェンスでも力を発揮できるようになりました。もちろん課題はたくさんあったけれど、念願だったＮＢＡでの本契約を初めて勝ち取ることもできました。

生き残れる保証などなかったオフシーズン。何とか結果を出すことができたプレシーズン。そして本契約。

自分のＮＢＡ人生を大きく変えるシーズンになったと思います。

心身ともに成長を遂げたシーズン

このシーズンに入る前、色摩先生が僕のことを「ディフェンダーとしてだけの選手ではない」と励ましてくれました。そして、龍水は「崖っぷちの雄太は強い」と繰り返し言ってくれました。

そういう言葉の支えもあって、自分の長所を信じ、随所に自分らしいプレーを発揮できるようになっていったと思います。

何よりも、「運」も味方につけた1年でした。

振り返ると――。

どのチームとも契約できなかったら、「またGリーグからやるか」と考えていた僕をラプターズが拾ってくれたということが大きかったと思います。

そして、前述したプレシーズンマッチであの1本のスリーポイントシュートを出せたことで人生は変わりました。

さらにラプターズは強いチームだったにもかかわらず、新型コロナウイルスの影響で結構な人数がシーズン途中で抜けてしまいました。チームが安定しないのは本来いいことではありませんが、自分にとっては幸運なアクシデントとなりました。

難しい状況下だったこともあり、チームとしてはそれほど目先の勝利にこだわっていなかったように感じます。もちろん戦っている僕たちは勝利にこだわってプレーしていたのですが、そういう雰囲気だったからこそ比較的リラックスしてプレーすることができました。コロナ禍には一時的にフロリダ州タンパに本拠地を移転し、感染対策の一環として無観客のアリーナで試合をすることも多かったのですが、当時の僕にとっては、プレッシャーが少なくなったことがプラスに作用したのかもしれません。

もちろんNBA1、2年目のキツかった時期に、自分がやるべきことに集中して、腐らずにやり続けたことがこのシーズンにつながったことも事実です。そして、たとえ試合に出られなくても、**「絶対にチャンスはくる。その時に力を出し切れば大丈夫」**と信じて、最初の2年間と同じようにハードワークを続けたことも飛躍を後押しした要因だと思っています。

ラプターズでは技術的な成長もたくさんあったけれど、精神的な成長、いわゆる「心」の成長もありました。

第三者目線で自分を分析

グリズリーズとラプターズで大きく違ったのは、リーダーシップのあり方でした。グリズリーズには2019〜20シーズンにジャ・モラントというガードの選手がドラフト全体2位で入ってきて、若い彼がチームの中心を務めました。一方でラプターズのリーダーは、カイル・ラウリーという当時35歳のベテラン選手でした。

ジャは若いけれど圧倒的な能力を持った選手で、あっという間にチームの中心になりました。きっとこれから長い時間をNBAで過ごして、リーダーとしても成長していくのだと思います。

一方、カイルのリーダーシップからは、2018~19シーズンで初のリーグ優勝を遂げたラプターズの強さが垣間見えました。僕たちやコーチ陣に対しての接し方など、彼の一つ一つの言動や仕草から、NBAで長年にわたってプレーしている貫禄、そして落ち着きが伝わってくるのです。

実際、このシーズンはコロナの集団感染などの不運が続いて、なかなか勝てませんでした。それでも、チームとしてのまとまりが壊れなかったのは、カイルのようなリーダーがいたからだと思っています。

僕自身としては、今まで以上に自分を第三者目線で分析できるようになっていた気がします。自分をこのラプターズというチームに加えた時、何をすれば役に立てるのかをトレーニングキャンプが始まってからすぐに考えました。

ラプターズはディフェンスからオフェンスにつなげるチーム。なので、「まずは自分の得意なディフェンスでチームの役に立とう。そしてリバウンドでもチームに貢献できるはずだ」。そう確信していました。

第三者の目線になって、「Yuta Watanabe」という選手の特長をチームの中で最大限生かすためにはどうすればいいかを考えるのは前からやっていたことですが、ラプターズでは特にそれがチーム側の狙いとも一致したと思います。

そうやって考えることが、新しいチームに素早くアダプト（適応）できた要因にもなりました。


前にも少し書きましたが、僕は自分が日本人だから、アジア人だからという理由で、NBAで成功するのは難しいということは考えたことはありません。自分が「マイノリティ（少数派）」だと考えすぎてしまうと、チームにアダプトできなくなると思うからです。

コートに入れば、あくまで全員が同じバスケ選手です。活躍すればチームも欲しがってくれるし、プレータイムも伸びていく。逆に活躍できなければ、アジア人だろうがアメリカ人だろうが使ってもらえない。それがNBAという世界です。

だから、日本人だから、アジア人だから、という考え方はせず、あくまで1人のNBAプレーヤーなんだという考え方をしていました。

そういうこともあって、僕は昔から言われていた「日本人だからバスケの世界では通用しない」というネガティブな思考に陥ることはありませんでした。ありがたいことに自分に関しては、日本人、アジア人という理由で、アメリカで差別を受けたり、ネガティブな経験をしたりしたことがないんです。

「自分はあくまで1人のバスケ選手」

このようなシンプルな考え方を無意識に持つことができたことも、ＮＢＡという世界に僕がアダプトできた理由の一つなのかもしれません。

自信を持って臨んだ東京オリンピック

ラプターズでの1年目。当時の自分としては過去最多となる50試合に出場し、スリーポイントシュートの成功率は40％を記録した僕は、自信を深めて東京オリンピックに臨むことができました。

苦しい思い出となった２０１９年のワールドカップの時とは自信の度合いが違いました。

ＮＢＡには、ＦＩＢＡ（国際バスケットボール連盟）主催の国際大会での代表活動期間は28日間というルールがあるため、僕と（八村）塁は代表合宿への合流が遅くなりました。それは仕方がないことだと割り切って準備を進めました。

僕は日本に帰国後、香川に帰郷して両親にリバウンドを取ってもらいながらシューティングをしたり、龍水がいる宮崎に行ってワークアウトしたりして体を作っていきました。

また、日本代表の試合だけでなく練習の映像も送ってもらって、みんなが日々どんな風に練習しているのかをできるだけ理解しようとしていました。

僕や塁が合流する前から合宿に参加していたメンバーは、コロナ禍の影響で長期の隔離生活を余儀なくされていました。自由が利かず、本当にしんどかったと思います。そんな彼らへの感謝の気持ちがあったので、僕と塁、オーストラリアから帰ってきた（馬場）雄大の3人が練習に合流した時には、チームの先頭に立ってやっていこうと話し合っていました。


まず、僕が沖縄の合宿から合流。沖縄は目の前にビーチがあって、プールで泳ぐこともできました。コロナ禍という難しい状態の中でしたが、ものすごくいい環境だったと思います。ただ、埼玉に移動してからはホテルと会場の往復ばかりになってしまって、沖縄とのギャップでみんなのモチベーションが少し落ちていたように感じました。

そのタイミングで塁と雄大が合流してきたのですが、埼玉での1、2日目の練習が全然良くなかったんです。3日目のミーティングの時にフリオ・ラマスヘッドコーチが、「こういう練習じゃ全然ダメだ。意識を変えていかないと世界には勝てない」と言うほどでした。

僕も続けて口を開きました。

「国内組の人たちは5月末から一生懸命、隔離状態を続けながらやっている。その中で、途中合流の俺らがみんなと同じような緩さになってしまうのは全然違うと思う。こういう時こそ俺らが一番声を出して、エネルギーを費やしてやらなきゃいけないんじゃないか。そんな覚悟を持ってやろう」

自分も含めて塁と雄大に伝えたかったんです。

2人は僕の言葉にすごく耳を傾けてくれたと思います。他のみんなも練習の甘さには気づいていたみたいで、そこから先の練習は激しさが戻りました。

コロナ禍でチームメンバー以外との接触はほぼ断たれている状態。だからその分、ホテルやトレーニングセンターでは長い時間をみんなと一緒に過ごすことができました。普段の環境下だと、コート外では仲のいいメンバー同士で固まってしまいがちになるのですが、隔離されたことでそれが避けられたのは「怪我の功名」でした。

みんなが同じ場所で同じ時間にご飯を食べる。そうした日々の積み重ねからコミュニケーションを深めることができ、チームは一つにまとまっていったと思います。

3連敗で得たもの

45年ぶりの出場となった東京オリンピック。残念ながら無観客での開催となり、大声援の後押しを受けながらプレーをするという夢はかないませんでした。

1次ラウンドでグループCに入った日本は、スペインに77−88、スロベニアに81−116、アルゼンチンに77−97で敗れ、3連敗で全日程を終えました。

アルゼンチン戦が終わった後、僕はタオルを頭からかぶったまま、しばらくベンチから動くことができませんでした。

「今回は勝てる」

そういう自信がありました。だからこそ、練習からみんなが気合いを入れて、前述した甘かった練習を除いては強度を上げて取り組んでいたのです。それなのに、負けた――。

それだけやってきたのに3連敗で終わってしまった悔しさ。

大好きだったこのメンバーでやれるのは今回が最後だという寂しさ。

自分自身は選手としてもっとできたんじゃないかという歯がゆさ。

ダブルキャプテンの1人として仲間にもっといい声かけができたかもしれないという後悔。いろいろなことを考えていたら、涙が止まらなくなってしまいました――。

今振り返れば、至らない点もたくさんあったと思います。でも、ふがいなかったワールドカップの時に比べると、前に進めたという手応えは少なからずありました。

だから、東京オリンピックを終えた時、「次はメダルを本気で狙いにいきたい」という思いが芽生えました。もちろん、そのレベルにはまだまだ到達していないことは理解していました。でも、少しの可能性が見えたんです。

東京オリンピックは、悔しさだけでなく、さらなる向上心を持つことができた大会になったと思っています。

心に残るＫＤとのマッチアップ

ラプターズでの2年目、やっとトロントでの生活が始まりました。

トロントは都会なのに湖などの自然も豊かです。穏やかな空気に包まれた、僕のお気に入りの街で、住んでいる皆さんも温かくて、街を歩くと「Ｙｕｔａ！」と声をかけてくれました。こんなにも大勢の人が僕のプレーを見てくれているんだ、とびっくりしたことを覚えています。日本人もたくさんいて、ちょうど僕と同じくらいの年齢の人たちが日本食屋で働いていました。僕は新しい友達をあまり作らないタイプですが、この街には本当に気が合う人たちが多くてバスケ以外の友達もできました。そういう意味ではオフコートが割と充実していた年になったと思います。

チームの本拠地でもあるスコシアバンク・アリーナでプレーできたこともうれしかった記憶の一つです。ファンは熱狂的で、僕たちをとても歓迎してくれていました。

僕はシーズン前に左足をケガしてしまったのですが、焦りはあまりありませんでした。それまでのパフォーマンスがよかったので、「これは絶対に残れる」という自信があったからです。昨シーズンに結んだ本契約が残っているわけではなく、部分保証という形の契約だったので、開幕ロスターでいられる確証はどこにもなかったけれど、ニック・ナースヘッドコーチと話している感じでは、「ラプターズが自分を切ることはない」と思えていました。

ケガの回復に思ったよりも時間がかかり、開幕から1カ月ほど出遅れたものの、古巣グリズリーズとの対戦で復帰しました。

あの試合で記憶に残っているのは、元同僚のディロン・ブルックスがベースライン側から思いっきりダンクしてきたのをブロックしたシーンです。その場ではレフリーにファウルをとられてしまいましたが、ナースコーチがチャレンジ（判定に対してヘッドコーチが異議を唱え、リプレー映像で確認すること）してくれたおかげで判定が覆りました。1回しか使えないチャレンジ制度を僕のプレーに使ってくれたことがうれしかったたし、自分のディフェンスに対する信頼も感じることができました。

このプレーがきっかけで、以前に僕がエドワーズにダンクされた時の発言が、またSNSなどでクローズアップされました。この時は「雄太は何者も恐れない」といった感じでポジティブな情報が拡散されました。

NBAキャリア初の「ダブル・ダブル」（得点、リバウンド、アシストなどの2項目で2桁の数値を記録すること）となったサクラメント・キングス戦も記憶に残っています。

残り約8分の時点で得点は10点以上挙げていたのに、リバウンドが2桁まであと一歩届いていませんでした。僕はスタッツ（成績）を気にしてプレーすることはほとんどないのですが、あの時は「これは死ぬ気で取りにいこう」って思ったことをよく覚えています。結果的に12得点、10リバウンドで勝利に貢献することができました。

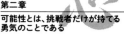

当時、ブルックリン・ネッツに在籍していたKD（ケビン・デュラント）とのマッチアップも印象深い出来事でした。

僕はずっと、彼にフルコートでプレッシャーを与え続けていました。するとKDが試合の途中にこう言ってくれました。

「お前みたいにハードにプレーする選手のことは大好きだよ」

その言葉で、僕はKDに恋に落ちてしまいました（笑）。

KDのディフェンスにつく時はまさに「祈るしかない」という心境でした。NBAの中でもスーパースターと言われるレベルの選手は、どんなにハードに守っても、決める時は決めてくる。こちらがディフェンスでやれるだけのことをやっても、それをものともせずに向かってくるからです。もはや、別の領域に到達しているんだなっていうことを身にしみて感じました。

順調から暗転へ

2021年12月。コロナ陽性でベンチ入りメンバーの大半が隔離されるという緊急事態下で、クリーブランド・キャバリアーズとの一戦を迎えました。

試合前にナースコーチから「雄太、キャリアハイは何点だっけ？」って聞かれたので、「一応、

20点は取ったことがある」と答えると、「じゃあ、今日はそれをダブルしよう。40点取っていこう」みたいに言われました。

この試合ではキャリアハイの26得点を記録しましたが、チームは大敗。だから、うれしさはありませんでした。この厳しい状況でもコーチは僕らに声をかけて励ましてくれていました。ディロンへのブロック、ダブル・ダブルの達成といったプレー面だけでなく、周りの支えという意味でも、ラプターズでの2年目はかなり順調なすべり出しでした。

暗転したのは、翌年1月に自分がコロナに感染してしまってからでした。僕が隔離されると同時にケガをしていた主力組が復帰。僕にとっては難しい状況になってしまいました。

あの時、チームではコロナが流行していて、毎日のように検査を受けました。自分が陽性になってしまったのは仕方がないことなのですが、僕の場合、陽性の結果が出たのが調子が上がってきたタイミング――。本当に不運でした。陽性だったとはいえ、僕の場合は無症状だったので、隔離中も家でできる限りのトレーニングをやってはいましたが、あの期間はすごくもどかしかったです。

コロナから復帰したフェニックス・サンズ戦で僕はスタートで使ってもらうことができました。しかし、長く試合に出ていなかったこともあり、パフォーマンスを上げることができないまま試合を終えました。

それなのに、数試合後のミルウォーキー・バックス戦でまたスタートで使ってもらえたんです。この起用には、さすがに驚きました。

試合前、ナースコーチのオフィスに僕とスビ・ミハイリュクという選手が呼ばれました。僕たちは、コロナでみんなが抜けてしまった時にチームに残っていた2人でした。ナースコーチは「どういう状態でも、チームのために全力でプレーしている2人には本当に感謝している」と前置きをした上で、「今日、雄太はスタートで出す。スビはベンチからだけど、スビも試合に出す」と明言し、「2人には感謝しているから、思い切ってプレーしてほしい」と勇気づけてくれました。

でも――。そのバックス戦では僕もスビもあまりいいスタッツを残せず、チームの期待に応えることができませんでした。コロナからの復帰明けで、まだコンディションが完全に戻っていなかったのと、チームとのかみ合わせが一致していなかったことが要因だと思います。

そこからは全く試合に出られなくなり、僕は一時、戦いの場をGリーグに移しました。そこではそれなりに結果を残せましたが、再びNBAに戻ってくるとうまくいかない――。

大きなハイライトもないまま、歯がゆさだけを残して、僕のNBA4年目は幕を閉じました。

初めてのプレーオフ

大きなハイライトはなかったものの、2021〜22シーズンのラプターズは東地区全体5位で2シーズンぶりにプレーオフに出場しました。僕にとって初のNBAプレーオフ。ベンチから見ていた僕は、プレーの強度がこれまでと全然違うと感じました。「今の自分が出たら、どれだけのプレーができるのだろうか」。そう思いながら、仲間たちのプレーを観察していました。

第4戦の直前だったと思います。アシスタントコーチの1人が、「ここ何日か、ミーティング中にナースコーチが雄太の名前を出している」と教えてくれました。そして、こう付け加えました。「だから、雄太が出る可能性があるかもしれない。準備はしておいてくれ」と。

結果的に出場機会はありませんでしたが、ベンチではいろいろな感情が混ざっていました。「自分がここに出られるかもしれない」というワクワクした気持ち。一方で「でも、この舞台に出て自分にどれだけのプレーができるんだろう」という不安な気持ち。両極端な気持ちがあったものの、僕のNBA人生においてかなりいい経験をさせてもらったことは間違いありません。

プレーオフとレギュラーシーズンの違いをひと言で表現するなら、「選手の集中力の変化」に尽きると思います。すべてのプレーに対するギアが明らかに上がっているのです。

レフリーも同じです。普段なら笛を吹いて止めるような場面でも、あえて流していた印象を受けました。選手たちの競争を重視して、彼らは意図的に笛を減らしていたのかもしれません。だからこそ、プレーオフがよりフィジカルな戦いになって、見る者を魅了するのだと思います。

小さな成功体験の積み重ね

ラプターズはプレーオフ1回戦でフィラデルフィア・セブンティシクサーズに敗れました。と同時に、NBA4年目のシーズンを終えた僕は「ラプターズは俺のことを残してはくれないだろうな」と感じていました。でも、「絶対にオファーをくれるチームはある」という手応えもありました。本契約はしてくれなくても、「キャンプに来てチェックさせてくれ」というオファーはあると信じていました。そういう風に自分で判断できるほど、ラプターズでの最後の1年で自信と経験を蓄えさせてもらいました。

特に僕の財産になったのは、素晴らしい仲間たちとプレーができたことです。特に、フレッド・ヴァンブリートはチームメートに厳しいことを言っても、言った本人が最もハードに練習するような選手でした。彼とチームメートになれたことで、自分の考えの幅が広がったような気がします。フレッドのことは後ほど改めて紹介したいと思います。

僕自身のことで言えば、コロナに感染してしまってパフォーマンスを落とすまでの数カ月は、キャリアハイの26得点を記録したり、初のダブル・ダブルを達成したり、KDとのマッチアップを任されたりなど、今までのNBA人生ではやれていなかったことを経験できました。

その経験を積み重ねたことによって、自分に対する自信を持つことができたと思います。決して派手な活躍だけではありません。試合になかなか出られない時期でも、試合終盤に出してもらうことができました。勝敗が決してからの時間帯だったとしても、僕は毎回、何かしらのスタッツを残すことができた実感があります。

そういう**一つ一つの小さな成功体験**によって、「普段の練習から頑張っているご褒美をもらえたんだろうな」と、勝手に自分を褒めることができていました。だから、このオフシーズンは、絶対に何かしらのアプローチがあると信じていたのです。

試合になかなか出られなかった最後の約2カ月、僕は「今までで一番しんどいかもしれない」と周りに漏らしていたと思います。ここまでの3年間も本当に苦しかったのですが、その言葉は決して誇張ではありませんでした。しんどさやつらさの種類は毎年変わっていたのです。ただ、振り返ると4年目の終盤は比較的、前向きな気持ちでいられました。

「本当にここまでよくやれたな」

これは、あの時点での僕の素直な気持ちです。

様々な苦難を乗り越えて、「NBAの平均在籍年数」と言われる「4年」に到達。ここまでたどり着けた自分に対する誇りがありました。

パフォーマンスが上がってきたタイミングでコロナに感染してしまう不運もありました。コーチの期待に応えることができなくて、しんどさを感じたこともありました。

でも、「これまでの3シーズンもこれを乗り越えてきたんだ」という感覚を持つことができていたんです。

今はしんどくても、その先には「何か」が待っている——。

そんな「心」を保つことができたなら、何とか戦い続けることができると思っています。

僕のNBAでのキャリアは常に「崖っぷち」の連続。華やかなショービジネスの世界の住人とは思えないほど、泥臭い日々でした。

だからこそ、仕事で悩んだり、部活動で壁にぶつかったりしている読者の皆さんにとって、僕の考え方や経験が少しでも参考になればうれしく思います。

仲間のためなら時には強い言葉も厭わない

ここでは先ほど少し紹介したフレッド・ヴァンブリートのことを書きたいと思います。ドラフト外からオールスター選手にまで上り詰めた彼のサクセスストーリーや、183センチというNBAでは小さなサイズにもかかわらずトップ選手になった彼の生き様は、NBA好きの方であればよく知っていると思います。ここでは、僕がラプターズの同僚として、実際に彼をリスペクトするに至ったエピソードを紹介することにします。

当時、ケガから復帰しようとしていたフレッドが、ベンチメンバーだった僕たちの3オン3の練習に混ざったことがありました。

その中で僕がフレッドを抜いてレイアップシュートにいこうとした時、後ろから彼が僕に思いっきりファウルをしてシュートを打たせなかったことがあったのです。

接触を伴う激しい場面でしたが、僕は割と冷静に「すごいな」と感心していました。試合に出ていない者同士の3オン3の練習にチームのリーダーが混ざる。それだけでもすごいことなのに、その中でも自分がマークする選手に簡単に点を取られることを彼は嫌いました。どんな状況でも全力を尽くすフレッドの姿には、本当に驚きました。

もし僕がフレッドと同じ立場で、同じシーンに遭遇したとしたら、「復帰明けだし、リハビリも兼ねているから」と、多少は妥協して、相手にシュートを打たせてしまうと思うんです。でも彼は違った。どんなに小さなシーンでも「勝ち」にこだわるのです。彼の中にある「俺の目の前では簡単に点は取らせないぞ」という意思の表れだったのかもしれません。

3オン3の練習が、「この選手、かっこいいな」「これって、自分にはない感覚だな。だからうまくなるんだろうな」と、同世代の彼をリスペクトするきっかけになりました。

また、フレッドは練習中も試合中も、ダメなことに対してはダメだとキッパリ指摘をします。相手が超一流と言われるパスカル・シアカムだろうが、OG・アヌノビーだろうが関係ありません。カイル・ラウリーがいた時でさえ、カイルに対して言うべきことはキツく言っていました。

それをうっとうしく思う人もいたかもしれませんが、僕からするとその姿がかっこよかったし、「こういう選手がいるチームって、やっぱり強いよね」と感じていました。

彼はウィチタ州立大学の時から、大学ナンバー1のポイントガードと評されていました。でもNBAの世界ではサイズも小さいし、スピードも足りない。この能力では厳しいと低評価をくだされ、ドラフト外入団となりました。批判的な意見がたくさんあった中で、それを覆してオールスター選手にまでなった彼を見ながら、そういう**反骨のメンタリティ**を自分も見習わないといけないと強く感じました。

だから練習中もフレッドの振る舞いをよく観察して、彼のリーダーシップから多くのことを学ぼうとしました。

あれは僕のラプターズ1年目のシーズンだったと思います。ボストン・セルティックスとの試合で点差をつけられて、ラプターズは主力を下げることにしました。これまであまり試合に出ていないベンチの選手たちが試合に出るという展開になると、たいてい主力組の選手たちはふてくされたり、「俺たちには関係ないや」という態度を取ったりすることが多いんです。

でも彼は、これからベンチメンバーがコートに入るというタイミングで全員を集めて檄を飛ばしました。

「これはお前たちにとってのチャンス。ここにお前たちのオポチュニティ（好機）があるんだぞ。ガベージタイム（勝敗が決した試合の残り時間のこと）なんかじゃないから。残り時間は短いけど、お前たちがこれまでやってきたことをやってこい」

僕はもともと「自分にとってのガベージタイムなんかはない」とずっと言い続けてきましたが、改めてフレッドのような主力選手から言ってもらったことで心に火がつきました。その試合で僕らベンチから出たメンバーは結構活躍して、相手のスタートメンバーをもう1回引っ張り出すことができました。東京に続き、パリオリンピックでもアメリカ代表になったジェイソン・テイタムが最後にコートへ戻ってきたことは、特に印象に残っています。

主力組の選手は、自分たちが試合に出て大差をつけられてしまったのだから、残り試合を戦う選手に対して、本当はそういうことを言いにくいはずなんです。それでも、フレッドはちゃんと言葉にしてくれた。そういう姿は、僕の日本代表での振る舞い方に大きな影響を及ぼしています。

例えば、代表の練習で変なターンオーバーが2回連続で出てしまったら、僕は一度練習を止めて、問題点を突き詰めようと声をかけます。だらっとした雰囲気になったら、「こんな練習じゃ世界と戦えないぞ」と一喝します。当然、自分に跳ね返ってくる言葉だから、言った自分自身は恥ずかしいプレーをすることが許されません。

そんな時、僕は「この人から嫌われたら――」ということは一切考えません。**ダメなことはダメだと言うことが、そのチームを強くする。**これはフレッドの振る舞いからとり入れた学びなのです。

当たり前のことに気づいたアジアカップ

ラプターズのシーズンが終わった後の2022年7月。

僕はインドネシアのジャカルタで開催されたアジアカップに出場しました。この大会は自分にとって、トム・ホーバスヘッドコーチの体制となって初めての日本代表活動でもあり、自分の考え方を大きく変化させるきっかけとなりました。

それまでの4年間、僕はどんな契約だろうが、どんな立場だろうが、良くも悪くもとにかくNBAにしがみつくということに固執していました。

でもアジアカップでは、河村（勇輝）、（富永）啓生、吉井（裕鷹）、（井上）宗一郎、（テーブス）海といったチームに刺激を与えてくれる若い選手たちと一緒にプレーをして、その選手たちが試合の中でいろいろな変化を見せてくれることがすごく楽しいと感じました。そして、そういう選手たちを引っ張りながら自分がメインでプレーできるということに大きなやりがいを感じたのです。

「やっぱりバスケの楽しさって、試合に出ることなんだ」

そんな当たり前のことに気づいたんです。

僕は「ＮＢＡ」というブランドに子どもの頃からずっと憧れていました。

だから、ラプターズでの活動が終わった瞬間、「来シーズンもＮＢＡでプレーし続けるためにはどうすればいいか――」と思案していましたが、この代表活動で考えは変わりました。

ラプターズでの2年目は試合に出られない状態のまま終わってしまいました。チームはプレーオフに進出しましたが、自分としては少し消化不良でした。

逆にその前の1年目は、同じようになかなか試合に出られない時期があったけれど、最後にプレータイムをもらえてハッピーな状態でシーズンを終えることができました。

シーズンの終わり方は、次への気持ちの持ち方という点で結構大切な要素だったんだと、この2年を比較して感じました。

当時の気持ちや考え方の変化が、僕の後々の決断にもつながっていくことになるとは、この時には思いもしませんでした。

心に響いた父のひと言

NBAにいた6年間、平常心を保つのが難しい時期がありました。

それは「夏」です。なぜなら、来シーズンのことが決まる大切な時期だからです。僕はこの時期に保証された契約をもらっていたことがほとんどなく、毎年複雑な気持ちで夏を過ごしていました。

そんな中、両親を含めて周りの応援してくれる人たちは、決まって「次の契約はどうなるの?」と聞いてくるのです。僕のことを心配しているからこそ聞いてくれるのは分かっていたのですが、僕としては、まだ先の見えない状態で次の契約に関する話をすることが実は嫌でした。悪気がないことは重々理解していましたが、質問に対する答えを出せない自分に対していら立ちも感じていたんだと思います。

ただ、オフの時に父から言われた言葉で印象深いものがあります。

実業団でバスケ選手だった僕の父は、昔から厳しく、現状に満足することなく、常によりいいもの、より上を目指していくタイプの人間でした。

あれは確かNBAで3年目か4年目のオフのタイミングだったと思います。帰郷して父と一緒にシューティングしている時、ポロッと「ほんま、よう入るわぁ」と言ったんです。

本当にポロッと漏らしたようなひと言で、父からすると何の意図もない言葉だったと思いますが、僕はそれをすごく覚えています。

父は毎年、僕のシュート力が上がってきていることは認めてくれていたのですが、「このシュートが課題やな」とか「試合でこのシュートはちょっと確率が落ちているんじゃないか」といった厳しめのアドバイスばかり。でも、それが僕の発奮材料になっていました。

そんな父がさりげなく息子のことをたたえてくれたのです。意図的に発した言葉とは思えないので、当の本人はきっと覚えていないはずです。

でも、父の本当の思いがこぼれ落ちた気がして、すごくうれしかったのを覚えています。

父の存在があったからこそ、僕は子どもの時に憧れたＮＢＡへの思いをずっと持ち続けながら、人一倍厳しい練習を積み重ねることができました。

「ほんま、よう入るわぁ」

狙い澄ましたわけではない、自然で純粋な言葉って、きっと一番心に響くのだと思います。

挑戦する勇気さえあれば、
そこに新たなものを生み出す
可能性が生まれる。
でも勇気を振り絞れない人間には、
その可能性すら生まれない。

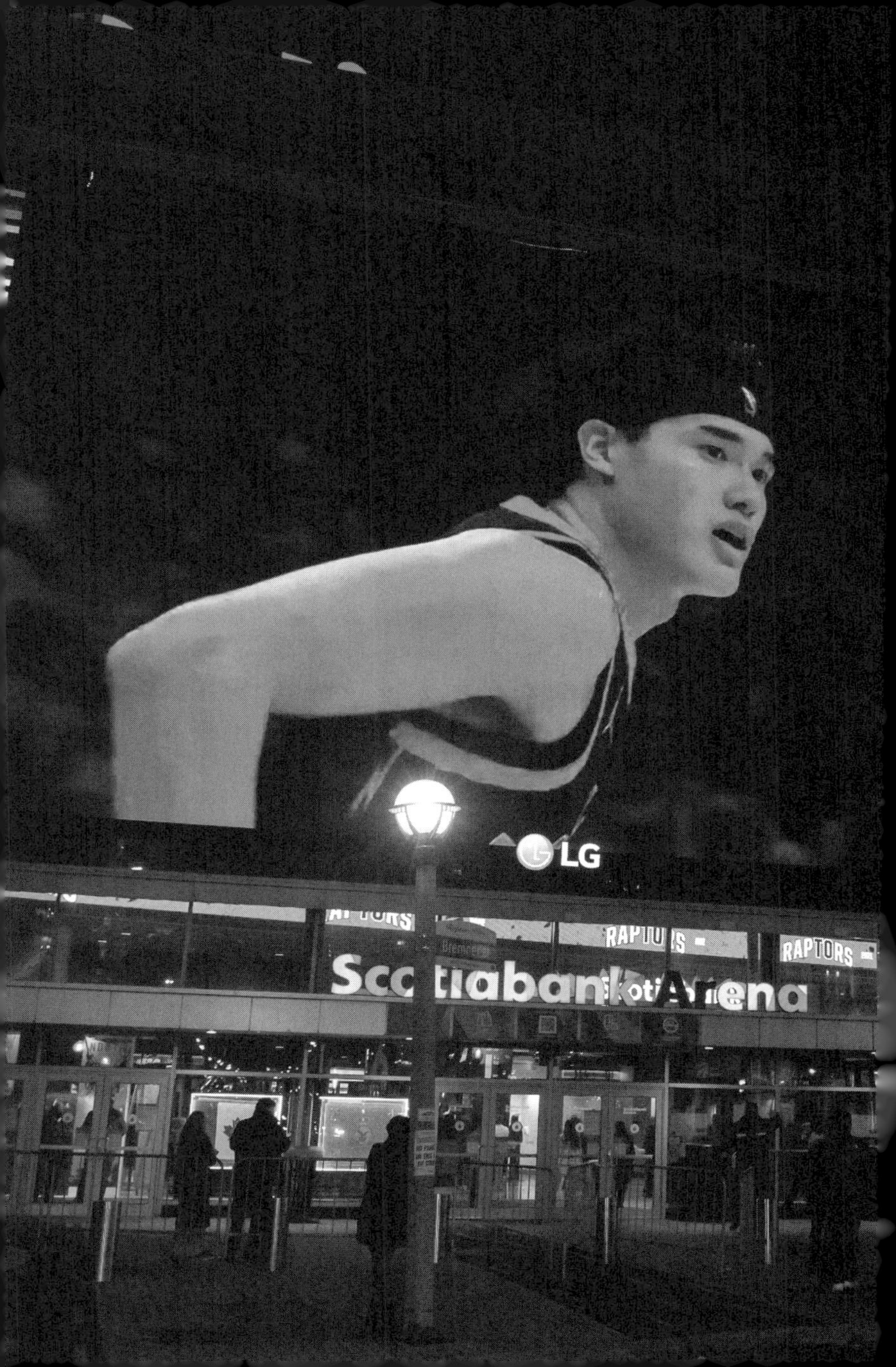
LG
RAPTORS

折れない強さ

母・渡邊久美

アメリカに行ってから、雄太が弱音を吐くことはありませんでした。英語が全然しゃべれなくても、試合になかなか出られなくても、雄太は私たち両親に「つらい」と言ったことがなかったのです。親に心配をかけたくない気持ちがあったのかもしれないし、楠元（龍水）くんという何でも話せる親友の存在があったことも大きかったかもしれません。

そんな雄太がトロント・ラプターズに加入した後に連絡してきました。「体が動かない。シュートを打てない」と言ったんです。そんなことを言うのは初めてでした。主人と3人で通話をして、「ここまで頑張ってきたんだからやれるところまでやって、ダメだったらそれでいいじゃない」と励ましました。初めて私たちに本音を打ち明けられたことで、雄太は少し落ち着いたみたいでした。私たちも祈るような気持ちでプレシーズンゲームの映像を見ていたら、雄太はスリーポイントシュートを決めてくれました。

あれだけ苦しんでいた中での1本だったので、「我が子ながら、なんて気持ちが強いんだろう」と感心しました。

私も以前にバスケをやっていて、チームのエースという存在でしたが、他のチームに怖いと感じる選手が少なかったこともあり、精神的に追い詰められた経験はありませんでした。でも、雄太は毎日、NBAで生き残るためにものすごいプレッシャーにさらされていました。私が経験したことのないような世界で雄太は戦い続けていたのだと思います。

だから、私たち親ができることは、ただ見守ることだけでした。最初の頃はたまに思っていることを助言していたのですが、雄太からは「俺のやっていることだから口出しをしないで」とたしなめられました。「とにかく見守ってほしい」という気持ちがひしひしと伝わってきたので、それからは技術的なことは何も言わないようにしていました。

怪物のような、ものすごい能力を持った選手たちがいる中、NBAで6シーズンもプレーすることができたのは、心に決めたことをやり通す、折れない強さを持ち続けたからだと思っています。心が優しくて、幼い頃から本当に泣き虫な子でしたけど、その1本の筋だけは通し続けてくれました。

なぜ、雄太がそういう人間になれたのか、正直なところは分かりません。でも、素晴らしい出会いがあったことは確かです。尽誠学園高校では色摩拓也先生という素晴らしい生涯の恩師に出会えました。高校生の時、日本代表に雄太を呼んでくれたヘッドコーチのトーマス・ウィスマンさんとの出会いも大きかったと思います。いろいろな人が、雄太がアメリカに行く手助けをしてくれ、皆さんの支えがあったから成長できたのだと思っています。

小学校2年でコービー(・ブライアント)を見て、「こんなプレーヤーになりたい」「NBAに行きたい」と雄太が突然言い出した時、主人は「じゃあ、遊んでいる暇はないよ」と2人で猛練習をするようになりました。雄太はもちろんだけど、主人もずっと練習に付き合っていました。土・日はお昼から夕方までシューティング。まさに主人と雄太の二人三脚でした。あの時期に、どんな時も継続してやり続ける習慣が身についたから、雄太はアメリカでやっていけたんじゃないかなと思っています。

NBAでの6シーズンは数え切れないほどの思い出があります。中でもブルックリン・ネッツのホームゲームを観戦に行った時は興奮しました。雄太が出てくるとアリーナがウワーっと盛り上がるんです。大活躍してくれて本当にうれしかったし、一生忘れられない光景となりました。これ以上ない親孝行をしてくれたと思います。

2024年4月、雄太のNBA選手としての最後の姿を目に焼きつけようと思ってメンフィスに行きました。雄太は出場できなかったけれど、あのアリーナに入って、あの空気に触れると、雄太が最初にデビューした日のことを思い出して涙がポロポロとこぼれ落ちました。この6シーズンの重みを思うと、胸がいっぱいで張り裂けそうになりました。雄太にとっては、つらいことの方がずっと多かったと思うので――。

私が日本代表でキャプテンをやっていたこともあり、雄太が小さかった頃は「久保田（旧姓）久美の息子」と言われていました。でも、色摩先生が雄太に「『久保田久美の息子』じゃなく、『渡邊雄太のお母さん』と言われるようになりなさい」と言ってくれたことで、雄太はひたすら努力を積み重ねることになりました。もう私のことなんかはるかに超えて、ものすごい高みまで雄太は私たちを連れて行ってくれました。雄太には本当に感謝しかありません。

雄太、ありがとう――。

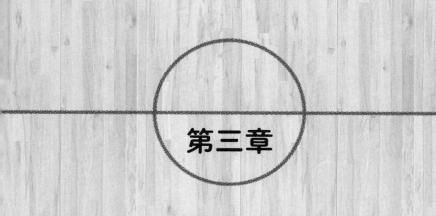

第三章

置かれた場所で、
人が嫌がることを率先してやる

2022〜2023年　ブルックリン・ネッツ

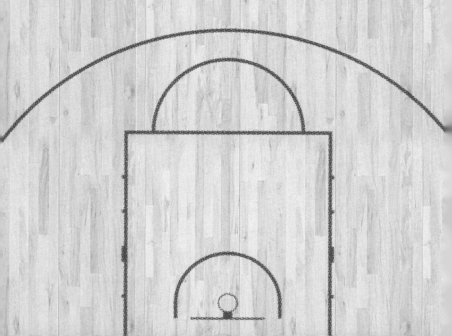

アジアカップでの日本代表活動を終え、アメリカに戻った僕は「正直、来シーズンはＮＢＡじゃなくてもいいや」と完全に開き直っていました。

出番が限られ、わずかな時間で結果を出さなければいけない環境下のＮＢＡ。そこでキャンプ、プレシーズンの期間に生き残りをかけた競争をする日々と決別しようと本気で思っていたんです。

まずＧリーグで活躍して、その後にＮＢＡに返り咲けばいい。そう考えていました。

それまでの４年間、僕はいつも崖っぷちから契約を勝ち取ってきました。だから周りも「渡邊雄太は今回も何とかするでしょ」と思っていたはずです。

でも実際、契約を勝ち取ることはそんなに簡単なことではありません。プレッシャーに耐え、多くの我慢を自らに強いる必要があるのです。

そしてもし、僕がＮＢＡのキャンプに呼ばれたにもかかわらず、結局Ｇリーグに行く形になると、「今回は生き残れなかったんだな」と受け止められてしまう――。そんな風に思われるくらいなら、最初からＧリーグに行きたいと思っていました。何よりアジアカップを経て、とにかく思い切りバスケがしたいという思いが強くなっていました。

ただ、この時は自分のことだけでなく、妻のことも考えました。

僕たちは2022年5月に結婚したばかりでした。妻は、トロント・ラプターズ在籍中にコロナに感染してなかなか試合に出られなかった僕のことをずっと支えてくれた、とても大切な存在です。

彼女はアメリカのバスケ事情をほとんど知らないので、もし僕がNBAではなく、その下のGリーグに最初から行くという選択をしたら、不安を抱くだろうなという懸念がありました。だから彼女のためにも、GリーグではなくNBAで始めるという決断をしました。

客寄せパンダにはならない

ラプターズである程度いいスタッツ（成績）を残すことができていたので、「キャンプに来てほしい」というオファーが複数ありました。その中から僕はブルックリン・ネッツを選びました。

ネッツ以外にオファーがあったのは、フェニックス・サンズとゴールデンステイト・ウォリアーズ。

でも僕は、ウォリアーズだけはすぐに断りました。

理由は明白でした。

その年のプレシーズンゲームで、ウォリアーズは日本を訪れ、ワシントン・ウィザーズと対戦する計画が発表されていました。

対戦相手のウィザーズには当時、(八村)塁が在籍していました。だから、もし僕があの時ウォリアーズに入った場合、「ジャパンゲームズがあるから渡邊雄太を呼んだのだろう」という見られ方をすると思ったんです。僕はそれがすごく嫌でした。

エージェントを通してオファーの話を聞いた時、「客寄せパンダみたいな、ビジネス的なオファーなら断ってください」とキッパリ言いました。エージェントは「そうじゃなくて、ウォリアーズは雄太の力をキャンプで本当に見たいと思っている」と説明してくれました。きっとそれは事実なんだと思います。

とはいえ、やっぱり周りから見ると、ウィザーズには「八村塁」、ウォリアーズには「渡邊雄太」。ジャパンゲームズで日本人対決となれば、「ビジネスが絡んでいるな」と勘ぐって当然だと思うんです。

たとえ偶然だったとしても、そういう見方をされることは嫌でした。まして、ジャパンゲームズが終わった後にチームからカットされる可能性を考えたら、僕はそのオファーを受け入れることはできませんでした。

もしウォリアーズがジャパンゲームズに参加する予定がなければ、おそらく相当悩んだと思います。2021~22シーズンのチャンピオンチームだし、ディフェンスとスリーポイントを強みとする自分にフィットするかもしれないスタイルであることは分かっていましたから――。

NBAが世界屈指のスポーツビジネスを展開しているリーグであることは身にしみて分かっています。そのビジネスが成功し続けているからこそ、選手は様々な素晴らしい待遇を受けることができるのです。

一方で、僕は先の見えない日々の中で途方もないプレッシャーにさらされながら、それまでの4年間を戦ってきました。だから、自分でコントロールできることくらいは自分で決めたいと思っていました。

僕もいずれは、メインプレーヤーとして必要とされなくなる時がやってきます。そんな時、精神的支柱としてロッカールームにいてほしいというオファーがあれば、それは受け入れられます。NBAでもそういう選手がいることでチームがまとまっている事例を実際にいくつも見てきました。

でも、「興行のために」という理由はどうしても受け入れられません。僕は、ビジネス的な側面に振り回されない生き方をしたかったんです。

自分なりのプライド

少し話がずれるかもしれませんが、今回、NBAにもう1年いることができたのに日本でプレーすることを決めたのは、自分なりのプライドがあったからです。

完全に自分がNBAから必要とされなくなって、「行く場所がなくなったから日本に帰ります」という選択だけはしたくなかったんです。

もちろん、今回の決断に対して「NBAで通用しなかったから日本に帰ってきた」という見方をする人もいると思います。でも僕としては「もう1年NBAでプレーできたけど、自分の選択で日本に帰ってきたんです」と言うことができるのです。

幼い頃から憧れ続けた「NBA」のブランドも大切にしたかった。でも、それより自分の人生なんだから、自分で未来を切り拓くという当たり前の考え方を貫きたかったし、僕の生き方における優先順位を変えたくありませんでした。

自分の人生なんだから、
自分で未来を切り拓くという
当たり前の考え方を貫きたかった――

うわさと違ったスーパースターの素顔

無保証のキャンプ契約を結んだネッツには、KD（ケビン・デュラント）、カイリー・アービングというスーパースターが在籍していました。

彼らのプレーの素晴らしさは十分すぎるほど分かっていましたが、正直、不安な気持ちもありました。というのも、KDはチームにトレードを要求していたし、カイリーや天才肌と評されるガードのベン・シモンズに至っては「くせ者」といううわさを、メディアなどを通じてよく見聞きしていたからです。

ただ、実際に中に入ってみると、自分がイメージしていた3人とは全然違いました。カイリーは異次元のテクニックを持った選手ですが、ものすごくフレンドリーな一面もありました。ここでは彼とのエピソードを一つ紹介したいと思います。

ネッツでのトレーニングキャンプ初日の練習前、カイリーに呼ばれ、「雄太、ここに座れ」と言われた僕は、何をされるのかとヒヤヒヤしました。すると、「日本人から見たら、アメリカ人はバカなのか？」と冗談まじりに聞いてきたんです（笑）。

面食らった僕は「いや、それは人によるよ。日本人にだってバカはいるよ（笑）」という趣旨の返答をしたと思います。これが、カイリーと2人きりできちんと会話する初めての機会でした。

彼がした質問の意図はよく分からなかったけど、その後にはこんなことも言ってくれたんです。「このチームで絶対にチャンスがあるぞ。ただ、このリーグはタフなヤツが生き残っていく。だからとにかくタフにならなきゃいけないんだ」と。

何を思ってカイリーが僕を呼んで、あの会話をしたのかはいまだに謎です（笑）。でも、スーパースターのカイリーから檄を飛ばされたという事実に、僕は勇気づけられました。

次にKD。彼はただただバスケをすることが大好きな選手で、誰よりも「勝ち」に貪欲でした。彼のワークアウトを見ていると、誰よりも高い強度で自分を追い込んでいたのが印象的でした。

最後にベン。彼もすごくいいヤツで、「オフシーズンには雄太と一緒に日本へ行きたいよ」と言ってくれていて、彼のことを知れば知るほど、より一緒の時間を過ごしたいと思える選手でした。

3人ともそれぞれに個性を持っていますが、実際に会って話したり、コミュニケーションを取ってみたりすると、僕がチームに入る前に見聞きしていた「うわさ」とはまったく違ったのです。メディアなどを通した伝聞の情報だけを鵜呑みにするのはよくないと改めて思い知らされました。

人生って本当に面白いなと思います。

当初は不安もあって気乗りしなかったチーム。それなのに、振り返ってみるとネッツでの1年がなかったら、いまだに自分をＮＢＡ選手と認めていないと思うくらい、特別な1年になったわけですから――。

思いがけない真逆の評価

前述した通り、シーズン前には3チームからキャンプ参加のオファーがあったのですが、ネッツは早い段階から声をかけてくれて熱量を感じていました。

また、僕自身にとってブルックリンは縁のある特別な場所。

大学時代、3年生までは所属するカンファレンスのトーナメント会場がネッツの本拠地でもあるバークレイズ・センターでした。そして、大学卒業後、様々なチームからワークアウトの招待を受けながら渡り歩いていたのですが、その最初の場所もブルックリン。さらに、そのワークアウトでいいプレーができたのでネッツの一員としてサマーリーグに参加させてもらうことができました。

このように、僕のNBAのキャリアはネッツから始まったと言っても過言ではありません。そのこととは関係がないとは思いますが、実際にキャンプに参加すると不思議なことがありました。僕と同じように無保証で呼ばれた選手が5人くらいいたのに、僕だけロッカールームに居場所があったんです。ロッカーに「Yuta Watanabe」という名前がきちんと付いていたことには驚きました。チーム側にどんな意図があったかは分かりませんが、それでやる気が増したのは事実です。

チームのヘッドコーチは現役時代にポイントガードとしてNBAで大活躍したスティーブ・ナッシュでした。彼は結果的にすぐ解雇という形になってしまいましたが、人間性はよかったし、すごく僕のことを評価してくれたので、自分にとってはすごく相性のいいコーチでした。

9月くらいからネッツの練習に行き始めた僕が評価されたのはオフェンスでした。それまでのチームは僕のディフェンスを買ってくれていたのですが、ネッツでは評価が真逆になったのです。コーチからは「オフェンスがいいね。でもディフェンスはもっと頑張らないといけない」という感じの言葉をもらっていました。同じNBAなのに、言われることが180度違うんだなと不思議な気持ちもありましたが、自分のオフェンスを評価してもらえるのはありがたかったです。そして、一つだけ空いているロスターの枠を本気で狙おうと意気込みました。

アシスタントコーチは「ヘッドコーチはすごく雄太を評価しているよ」と言ってくれていて、実際に練習中のメンバーの組み方もスタートのメンバーに僕を混ぜてくれることがあったくらいです。ラプターズでも同じようなことがあったので、トレーニングキャンプから「俺、また生き残れちゃうかも」という期待がありました。

プレシーズンは全試合に出場して、スリーポイントシュートは50％の確率で決まっていました。ミルウォーキー・バックスとの試合では中心メンバーの1人のような使われ方もしていたので、「この感じならレギュラーシーズンでもチャンスがあるかもしれない」という手応えを得ることもできました。

もちろん無保証という立場は変わらず、明日が見えない苦しさはありました。でも、それを差し置いても、自分の中での充実感はこれまでの中で一番ありました。だからこそ、プレシーズンが終わった後は「完全にやり切った。これでカットされてもまったく悔いはない」と言い切れるほどでした。

結果的に一から這い上がる苦しみを乗り越えて、新しいチームの開幕ロスターに生き残ることができました。もちろん本当の意味での競争はここから始まることは分かっていましたが、ネッツでNBA5年目のスタートを切ることができる喜びは、これまで以上に大きかったです。

「生きてる！」という実感

ネッツの開幕ロスターに残った僕を待っていたのは、今まで在籍したメンフィス・グリズリーズやラプターズとは違った感覚でした。

序盤からコンスタントに出場機会をもらうことができ、スリーポイントシュートも確実に決まっていました。10月終わりから11月の頭にかけて、8試合連続でスリーポイントを成功させ、コーチやチームメートの信頼をつかむこともできました。

チームの成績が振るわず、ナッシュヘッドコーチが序盤で解任されるというショックな出来事もありましたが、親友の楠《くす》元《もと》龍《りゅう》水《すい》から「雄太が活躍し続けることで恩返ししていこう」と励まされたこともあって、前向きな気持ちを失うことはありませんでした。

ネッツでのハイライトの一つは11月17日、敵地でのポートランド・トレイルブレイザーズ戦。僕は28分35秒出場して、スリーポイントは7本中5本成功、課題だったフリースローも6本中5本決めて20得点をマークしました。

前半は決していい出来ではありませんでした。それなのに、コーチ陣は僕を信頼して後半も使い続けてくれました。その結果、自分の実力を発揮してチームの逆転勝利に貢献することができ、本当に忘れられない試合になりました。

正直、あそこまで自分がシューターとして輝けるなんて、シーズン前は想像もしていませんでした。

KDとカイリーという2人のスーパースターに相手のディフェンスが引き寄せられて、ノーマークになった僕が外から決めていく。そんな連係が確実にチームのオフェンスのオプションになっていました。

「自分ってこんなにNBAの試合の中で使ってもらえるんだ」

驚きや喜びが混ざったなんとも言えない気持ち。こんな感覚は今までに持ったことがありませんでした。

僕がシュートを決める数と比例するかのように、KDやカイリーとのコミュニケーションもどんどん増えていきました。実際、一緒にプレーをしていても、彼らから出るパスの質やタイミングで「僕のことを本当に信頼してくれている」ということを感じることができたくらいです。

そういう一つ一つの「つながり」が、僕の自信を深めていきました。

「生きてる！」

ネッツでの前半戦を言語化するなら、この言葉がしっくりきます。もちろん今まで死んでいたわけではないのですが（笑）、本当に「自分が生きているな」という感覚を持つことができていたのです。

古巣での恩返し

ネッツでのハイライトをもう一つ紹介したいと思います。

12月16日、古巣トロントで開催されたラプターズ戦も僕にとって大切な一戦です。この試合では、20分52秒の出場で17得点を記録し、スリーポイントは４本中３本を決めることができました。

中でも脳裏に刻まれているのは、１点を追う試合終盤にカイリーからのパスを受けて沈めた逆転スリーポイント。「クラッチタイム」と呼ばれる、勝敗が分かれる重要な場面で仲間から信頼してもらえた。そして、トロントという大好きな街にバスケ選手として恩返しすることができたという二つの喜びがありました。

間違いなく、NBA選手になって最高の瞬間の一つでした。

それまでの僕は第4クォーターで試合に出されると、いつも緊張していました。なぜなら、自分の一つ一つのプレーがチームの勝敗に直結するプレッシャーがのしかかるからです。もちろん、そのヒリヒリ感はたまらない部分ではあるのですが——。

そういう時間帯に入ると、特にディフェンスで相手は明確に僕を狙ってきます。バスケでは、自分たちの一番強いところで相手の一番弱いところを狙うのが当たり前。これは僕たちも相手に対してやっていることです。だから、主力が出る時間帯に、普段はベンチにいる僕が出場すると、相手が僕を狙ってくるのは当然のことだったんです。

ネッツはチームの戦術としてスイッチディフェンス（相手の連動したオフェンスに対して、マークマンを交代すること）をいつも使っていました。相手は逆にそれを利用して、僕を狙ってくるのですが、ネッツは自分たちの戦術を曲げることはありませんでした。つまり、僕のディフェンスを信頼してくれていたということです。それが僕にはうれしかったし、より頑張ろうというモチベーションにつながったことは言うまでもありません。

スタンディングオベーション

開幕から約2カ月、「バスケってこれだよな。自分はこのためにやってるんだよな」という高揚感を味わうことができていました。当時の自分自身の最高点をマークできたし、「こんな楽しさは、これまでに経験したことがない」と思える日々でした。

何よりも、見える景色が今までとは違うんです。ラプターズ戦のように、クラッチタイムで出場して自分のシュートでチームが勝つ、という姿をずっと夢見てきました。それがやっと現実のものになったのです。

スリーポイントシュートの成功率は一時的とはいえ、リーグ1位で、50%以上決めている期間がありました。ただ、それについて浮かれるようなことは一切なく、自分の中では「どう考えてもあり得ない数字だからそのうち落ちてくる」と冷静に見ていたように思います。

今でも目に焼きついている光景。

それは、ネッツの本拠地、バークレイズ・センターでのスタンディングオベーションです。古巣のグリズリーズ戦で、前半を終えた時点では57-62とチームはビハインドを背負っていましたが、後半から反撃を開始。そこからお互いが一歩も引かない競った展開になったものの、第4クォーターに入って僕の4連続スリーポイントで一気に突き放して勝利しました。

残り時間が少なくなると、どちらのチームも主力をベンチに下げるのですが、その時にベンチに戻る僕に対して、ファンが「ユータ！　ユータ！」とコールしながらスタンディングオベーションをしてくれたんです。自分の活躍に観客が沸きに沸く――。まさに、僕が小さい頃に夢見た姿がそこにありました。

観客から主力の1人へ

2023年1月、シカゴ・ブルズとのアウェー戦がありました。

実は2020年にブルズの本拠地、ユナイテッド・センターでオールスターが行われた時、バスケを勉強するためにアメリカに来ていた龍水と一緒にシカゴまで試合を観に行っていました。

当時は選手としてではなく、1人の観客として現地を訪れていたのですが、グリズリーズに加入して2年目の終盤で、もっと結果を残さないと来シーズンもNBAで生き残れるかどうかは分からないという状況下にあった僕は、複雑な感情を抱えながら観戦していました。

それから3年。僕はそのアリーナに、ネッツの一員、しかも主力の1人として戻ってくることができました。オールスターという舞台ではなく、レギュラーシーズンの1試合ではありましたが、僕は過去からの成長を感じていました。

オールスターといえば、ネッツで活躍したこのシーズン、「オールスターのスリーポイントコンテストに雄太を」という声でSNSが盛り上がっていたそうです。

周囲から「可能性はあるんじゃないか」という話を聞いていたので、「チャンスがあるのであれば経験してみたい」と思っていました。

ただ、オールスターが開催される2月には、爆発的に高かったスリーポイント成功率の数字も落ちていたので「これは現実的じゃないな」と自分でも分かっていました。

それに、あのタイミングでオールスターのスリーポイントコンテストに呼ばれた場合、「なにか変な力が加わったのかな」と、自分自身がそう疑ってしまいそうだったので、結果的には選ばれなくてよかったと思っています。

チームが一変、それでも僕はやるべきことをやる

ネッツでの前半戦、僕はＮＢＡのキャリアの中で最高のシーズンを送っていました。しかし、

2月のトレードでカイリーとKDがチームを出ていくことが決まり、状況は一変――。

優勝を狙える位置にあったチームが、瞬く間に別のチームのようになっていきました。2人のトレードは、シーズン中の移籍が頻繁に起こるNBAでも珍しい事態だったこともあり、僕はSNSでこうつぶやきました。「改めてすごい世界や」と。その言葉通り、驚きの気持ちが一番大きかったのですが、カイリーとKDの2人がチームを離れるという事実に動揺を隠せない自分も存在しました。

2人のスーパースターがいなくなり、代わりに加入してきたのは僕とポジションが重なるミカル・ブリッジズ、キャメロン・ジョンソン、ドリアン・フィニー＝スミス。彼らはとても優秀な選手だったので、能力で劣る僕の出番はあっという間に減っていきました。

それでもあの時の僕はかなり冷静で、客観的に状況を把握できていました。周りが僕を慰めても、チームからの扱いに憤っても、自分自身が落ち着きを失うことはありませんでした。もちろん試合に出られなくなるのは嫌だったし、「前半戦のメンバーのままで戦い抜くことができていたらどうなっていたんだろう」と考えたこともあります。

でも、僕がどう考えたところでチームの状況が変わるわけではありません。当時は少し腰痛の症状が出てきていた時期だったので、「むしろ試合に出られなくなって、腰を休めるいい時間ができた」とプラスに思えていたくらいでした。

両親の前で

2人のトレード直後にあったホームでのブルズ戦。この日は両親がブルックリンまで観戦に訪れていました。トレードされてきた選手が規定によりまだベンチ外登録だったその試合で、僕は22分19秒の出場で14得点。スリーポイントは5本中4本決めるなど、両親の前でNBA選手として活躍し、チームが勝つところを見せることができました。

もともとトップレベルでプレーしていた両親は、オタクと言ってもいいくらい、今でも四六時中バスケのことを考えているような人たちです。だから、僕がコート上で活躍することが一番うれしいんだろうなと思っていたし、それが息子としてできる何よりの親孝行だと考えていました。だから2人が喜んでくれたことが本当にうれしくて——。

以前、両親がメンフィスに来た時は、Gリーグでのプレーを見せただけでした。だから、5年目にしてようやく自分がNBAで活躍する姿を見せることができたあの試合は、感慨深い一戦となりました。

ただ残念ながら、あのブルズ戦は、僕がネッツの主力として活躍した実質的に最後の試合になってしまいました。その後はプレータイムをなかなかもらえず、ベンチを温める時間が長く続くことになったのです。

そういう立場になった時、どんな振る舞いをすればいいか――。

試合になかなか出られないからといって、不満を前面に出したり、ふてくされた態度を取ったりしても誰も得をしないし、何よりも周りのモチベーションが下がるだけです。

僕はこれまでずっとそういう態度を取らずに、ベンチでは仲間のプレーをたたえたり、人一倍チームを盛り上げたりと、チームが勝つために自分ができる行動を取ってきたからこそ、ネッツでの前半戦の活躍は生まれたと思っています。あそこで腐ってしまうような性格だったら、そもそもグリズリーズの2年間で僕のNBAキャリアは終わっていたのではないでしょうか。

あの時は、試合に出られるようになった後だったので、「振り出しに戻ってしまった――」という思いもありました。でも、本来の自分の姿を、そして、今まで自分がやってきたことを絶対に忘れてはいけないと、自らに言い聞かせていました。

後半戦でなかなか試合に出られなくなった時、目を引いたチームメートがいました。それは、ロイス・オニールという選手です。彼がものすごく泥臭くプレーしていることに刺激を受けた僕は、龍水にもよく彼の話をしていました。

ロイスはKDやカイリーのようにスポットライトが当たるような選手ではありません。でも、バスケを知っている人から見れば、彼がネッツに欠かせない存在であることは一目瞭然のはずです。そんな「いぶし銀」の選手なんです。

決して無理はしない。でも必要な場所に必ずいる。そしてチームを救うウイニングプレーを試合中に何度も出す。さらに、人が嫌がることを率先してやる――。

だからこそ、スペシャルな選手として信頼されるのだと思います。

「置かれた場所で咲きなさい」という言葉がありますが、彼はこの言葉が似合う、「ロールプレーヤーの理想形」とも言える選手でした。ロイスのような決して派手ではない選手こそ、世間からもっと評価されるべきだと僕はいつも思っています。

「ロイスのような選手を目指していかなきゃいけない」

苦しい時こそ僕はそう思いながら、たとえ試合には出られなくても、練習でやるべきことをやり切る、という日々を過ごしていました。

今までのように、自分の小さな成長をご褒美と思いながら――。

未来を左右する納得のシーズン

ＮＢＡ5年目となったネッツでのシーズン。チームはプレーオフ1回戦敗退で幕を閉じました。

僕個人としては、トレードでチームが一変した2月以降、なかなか試合に出られず悔しさを感じる時もありました。それでもこのシーズンは最終的に自己最高の58試合に出場し、1試合平均16分出場、5・6得点、スリーポイントの成功率は44・4%という納得のスタッツを残し、自分がやってきたことは間違っていなかったと、自分自身で証明することができました。

このシーズンがなかったら、自分をNBA選手として認められていなかったと思います。そして、もしかしたらその後日本でプレーするという選択肢も生まれなかったかもしれません。NBAにこだわっていたかどうかは分かりませんが、ヨーロッパに行ってやってみようという思いが芽生えていた可能性もあります。

今までも周りから「You belong in the league(君はリーグにふさわしい選手)」と言ってもらえることはありましたが、それまでは半信半疑に受け止めていました。でも——。

「I BELONG IN THE LEAGUE」

NBA5年目のシーズンは、そう思えるくらい納得のプレーができた1年となりました。

NBAのシーズンが終わっても、僕のモチベーションはずっと保たれていました。なぜなら、

「ワールドカップ」という大きな目標があったからです。シーズン終了と同時に、僕の中で気持ちの切り替えはすでにできていました。

もちろん、次に契約するチームの状況によっては、ケガなどの懸念点を考慮されて、ワールドカップに出られない可能性もゼロではありませんでした。

しかし、あの夏のワールドカップは日本での開催。日本代表として自国開催のワールドカップに出場し、パリオリンピック行きの切符をきちんとつかみ取りたいという強い思いがありました。だから、よほどの事情がない限り、「ワールドカップに絶対に出るんだ」と、僕の心は固まっていたのです。

「俺は出る」

ネッツでは自分でも納得できるスタッツを残すことができたので、「絶対にいいオファーをもらえる」という手応えがありました。

前述したように、夏の時期はいつも次のチームが決まるかどうかでそわそわしていたのですが、２０２３年の夏はまったく気になりませんでした。放っておいても、向こうからアプローチをかけてくれるだろうという自信すらあったくらいです。

「来シーズンもＮＢＡでやれる」

そんな確信を持てたのは、６年間でこの夏だけでした。一番平和な夏だったと思います。

実際に10チーム近くのオファーがあり、その中から僕はサンズと契約することにしました。決め手は二つありました。まず、オファーに最も情熱を感じたこと。そして、ネッツから移籍していたＫＤのほか、デビン・ブッカー、ブラッドリー・ビールというスター選手を擁して、本気で優勝を狙っていくチームであったということです。

サンズ入りを発表する前、塁がワールドカップを欠場することが発表されました。僕は自分のＳＮＳで「先に言っとくけど俺は出る。でも出ない判断をしたルイの気持ちもめちゃくちゃわかる」と発信しました。

あの時は、塁が出ないから僕も出ないいんじゃないかと周りに言われていました。だから、それを打ち消したいと思ってのコメントでした。その上で、塁の立場が分かる数少ない人間の１人として、塁の決断を理解してあげてほしいという思いも込めました。

僕は比較的、いろいろな選手の気持ちを理解できる立場にいたと思います。ＮＢＡ選手として塁の気持ちも分かるし、命を懸けて代表活動をしている選手たちの思いも当然、理解することができました。

だからこそ、**正しいことには正しい、ダメなことにはダメと、きちんと言える人間**でなければいけないと思っていました。

塁がワールドカップに出なかったことはまったく「悪」だとは思いません。本音を言うと、もちろん出てほしかったですが――。でも、塁が決めたことだから、それは尊重してあげたかったし、僕が彼と同じ立場だったら、同じ選択をしていた可能性もゼロではないんです。だから自分としては、手を差し伸べられるところは差し伸べたかっただけなんです。

そういう部分も含めて、コート内外で僕にかかる負担が大きすぎるのではないか、と言ってくれる方もいます。

でも僕は、結果的に日本代表が強くなれるのであれば、どんなことだってやりたいと思っています。ちょっとした気遣いでチームがうまく回るのであれば、絶対にやるべきです。もちろん、それはそれで「なんで俺がこんなことをしなきゃいけないんだ」とイライラしたり、うっとうしく思ったりすることだってあります。

でも、そこは自分の中でキッパリ線引きをしているつもりです。「これ以上関わったら自分のストレスになってしまうからノータッチでいこう」とか、「ここはちゃんと関わってコントロールしたい」など、**自分のキャパシティの中でうまく整理をする**ようにしています。

正しいことには正しい、
ダメなことにはダメと、
きちんと言える
人間でなければいけない

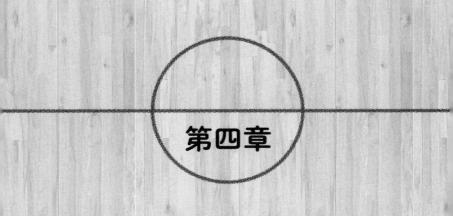

第四章

覚悟と、歓喜と、切なさと

2023年　ワールドカップ（沖縄）

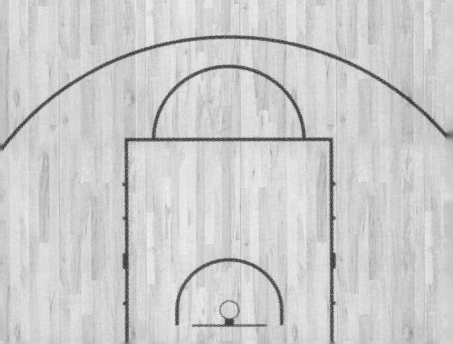

2023年7月15日。

僕は念願だったバスケットボールクリニックを東京都内で開催しました。NBA選手として、日本の子どもたちに技術や心構えを伝える機会を作りたいと以前から思っていて、ようやく実現したクリニック。高校生たちに実際にシュートを見せたり、NBAで感じたことを話したりすることができて、充実した1日となりました。

クリニック終了後の報道陣の取材で、僕は約1カ月後に迫ったワールドカップに臨むにあたって秘めていた思いを明かしました。

代表引退発言の真意

「見ている人もやっている僕らも、負けることは望んでいない。今回もまた連敗するようなことがあれば、僕は代表のユニホームを脱ぐつもりでいます。それくらい、今回の代表には賭けている部分があるので、勝てない選手がずっと上にい続けてもしょうがない」

「早く世代交代できるならやってしまった方がいい。今年のチームをパリに連れていくことができなかったら、自分はもう代表選手として居る資格はないんじゃないかなというくらいの気持ちで思っています」

これらの発言は、「代表引退の覚悟」などとして多くのメディアで取り上げられました。ワールドカップに向けた壮行会でも、僕はファンの皆さんに対して同じことを話しました。それくらい強い気持ちで大会に臨みたかったんです。何より、自分自身にハッパをかけるという思いが大きかったと思います。

それに、もしワールドカップで結果を残せなかった時、何も言わないで逃げるように日本代表から去ったと思われることは嫌でした。

いつも近くで支えてくれている人たちには、僕の思いを事前に言っておきました。でも「いやいや、雄太が代表をやめるわけないでしょ」という雰囲気で受け止められたように感じていました。だから僕は「こっちは本気だぞ」ということを知らしめる意味も込めて、メディアに対して、そしてファンに対して繰り返し話したんです。

みんなの前で言った発言なので、もう後には引けません。あの発言は自分を崖っぷちに置くことが一番の狙いでした。**僕は「言葉の力」を信じている人間**です。だから自分の言葉が軽く扱われることがないようにしたかったし、僕の本気度を周りのみんなにも伝えたかったんです。

長年一緒に戦ってきたマコ（比江島慎）や（富樫）勇樹にも、気持ちは話していました。彼らは理解してくれたし、僕と同じように、もしこのワールドカップで勝てないとなったら代表から身を引くつもりだったようです。ただ、彼らの場合は自分からユニホームを脱ぐというより、居場所がなくなるという感覚が強かったと思います。勇樹に至っては「俺の場合、代表引退ではなくて、クビだよ」というようなことを笑って話していました。

それくらい、自分たちの責任の大きさを分かっていたつもりだし、日本のバスケットボール界の将来を考えてやっているという自負はありました。

味の素ナショナルトレーニングセンターでの最後の練習を終え、沖縄に向けて移動する前に僕たち3人と（馬場）雄大が一緒にいた時のことです。

「もしかしたらここに来るのはこれが最後かもしれないな」というようなことを誰かがつぶやいたので、「いやいや。パリ行きの切符をつかみ取って、またここに戻ってこよう」と話したことをよく覚えています。

「代表引退」の発言をすることは、楠元龍水《くすもとりゅうすい》にも事前に話していたのですが、彼は大会前に公言することには反対していました。

もちろん、「負けたら代表引退」と公言した僕は、結果が出なかったら笑いものになっていたと思います。本心ではできるだけ長く日本代表のユニホームを着ていたいと思っているのに、自分で自分の首を締める結果になる可能性もありました。保守的に物事を捉える龍水は、それを心配してくれていたんです。

高校時代の話ですが、恩師の色摩《しかま》拓也先生と僕ら選手の間で問題が起こった時、先生に思いを伝えるかどうかで2人の意見が分かれたことがありました。

龍水は言いに行かない派、僕は言いに行く派。

止められたけど、僕が強行突破して先生に伝えに行きました。結果的に、先生に思いが伝わり、誤解されていた部分について理解してもらうことができたというエピソードがあります。

僕はいつも自分のアクションに対して後悔しないように生きています。NBAでどのチームのオファーを受けるかを決める時もそうですが、自分の人生なので「できるだけ自分がやりたいようにやりたい」「コントロールできる部分はコントロールしたい」と思っています。

「代表引退」の発言は、自分の気持ちにうそをつきたくなかったし、それを隠すことでもないと思っていました。結果的には、僕のこの発言が一つのきっかけとなって、河村(勇輝)が「雄太さんを引退させない」と言ってくれるなど、チームがパリ行きを目指して一丸となることができました。リスクをとって発言してよかったと心から思っています。

向かってくる後輩たち

ブルックリンから帰ってきて、日本代表の合宿に初めて参加した時、みんなの練習に大きな刺激を受けました。その強度は東京オリンピックの時より明らかに上がっていて、本当にすごかったんです。トム・ホーバスヘッドコーチが「これ以上やったらケガをするから練習は終わり」と途中で止めなきゃいけないくらいでした。それでも、最後の12人に残るため、全力を尽くしていたのです。

例えば吉井（裕鷹）。彼に関しては、いい意味でクレイジーなところを持っていることは分かっていたのですが、その「クレイジー」な一面を目の当たりにしたのが、２０２２年のアジアカップ前に彼と練習で一緒になった時のことです。これが「初めまして」だったのに、吉井は僕に対して攻守に渡ってガンガンぶつかってきたんです。

後で聞いた話ですが、彼は意図的に僕の相手チームに入って「雄太さんとマッチアップさせてほしい」と言っていたそうです。

吉井からすると僕はＮＢＡプレーヤーの先輩。普通の日本人の感覚なら「ケガをさせたらどうしよう」と委縮して、当たりが弱くなってしまうことがほとんどです。

でもそんなことは一切なく、彼は僕の肩書に臆することなく、ガンガン向かってきました。

「自分がうまくなるために、渡邊雄太を利用してやろう」と思っているんです。僕はそういう選手のことが、ものすごく大好きです(笑)。大好きというより、彼のことはリスペクトに値します。そういう選手が日本代表にいることを、本当にうれしく思いました。

吉井だけでなく、みんなが激しい練習をしていました。河村にしても、(富永)啓生にしても、先輩・後輩という関係にまったく物おじしていませんでした。(井上)宗一郎も、静かなように見えて結構古風な男で、コート上ではいい意味で粗いし、けんかっぽくもなるんです。こういう姿勢はすごくいいことだと僕は思っています。

とにかく、そういう練習ができているチームってやっぱり強いんです。それはNBAでもずっと感じていました。トムが率いる日本代表チームは、いつも世界レベルでの練習ができていたと思います。

コートを離れたら仲のいいメンバーも、コートに入ったら全く話は別。先輩・後輩関係なく、全ポジションで争いがありました。それが結果として、試合でのパフォーマンスにつながっていました。これはトムが作ってくれた環境のおかげですし、チームの本来あるべき姿だと思います。世界基準の練習が、この先も日本代表の文化として根づくことを願っています。

練習の質だけでなく、メンバー構成にも変化がありました。東京オリンピックの時のフリオ・

ラマスヘッドコーチは「技術」を重視して選手を選考していたように思います。でもトムはメンタル、すなわち「心」の部分を重視していたのではないでしょうか。

ワールドカップの時のメンバーを振り返ると、日本で上から12人のうまいヤツではなかったかもしれません。でも、「世界で戦える」という点では日本で上から12人のメンバーだったと思っています。

プラス思考

僕はNBAの「28日ルール」があるため、代表に合流できない期間がありました。その間は自分自身でかなり強度を上げて、1人で練習をしていました。こういった、チームに合流するまでの「貯金」があったおかげで、大会前に東京で行われた強化試合のアンゴラ戦で足をケガをしてしまった時でも「本番前に少し、休養期間ができた」と前向きに捉えることができていました。

そうは言っても、焦りがなかったわけではありません。**自分の中の焦る気持ちを押し殺して、プラス思考を持つ**ようにしていました。このようなメンタルコントロールも、うまくいかない時が多かったNBAで培われていったように思います。

ジョシュ（ホーキンソン）とは、今回が初めての日本代表での顔合わせでした。彼はものすごく賢くて、いろんなことを考えながらプレーできる選手です。ジョシュもケガを抱えていたので、２人で呼吸を合わせる時間が少なくなってしまいましたが、彼との調整期間の短さはあまり心配していませんでした。大会本番で一緒にプレーをしたら、ケミストリー（化学反応）は勝手に生まれてくるだろうなと考えていましたし、実際、その通りになったと思います。

僕自身、チームメートとのアダプト（適応）に関しては割と上手な方だと思っているので、その点では不安を感じることはありませんでした。

すべてが順調というわけではありませんでしたが、僕たちはできる限りの準備を積み重ねて、ワールドカップ本番を迎えました。

心理的安全性

沖縄でのワールドカップ開催中、北谷町にあったホテルからみんなで自転車に乗って昼ご飯を食べに行ったり、ちょっとした買い物をしに行ったりしていました。ＳＮＳでその様子をご覧になった方もいるのではないでしょうか。ホテルが自転車を貸し出していて、誰かが「コレに乗って買い物にでも行くか！」と提案したんです。

プロになってからは自転車で移動することなんてほとんどなかったので、まるで高校生の頃に戻ったような気分になれてとても新鮮でした。プレーすることも純粋に楽しめていたし、そういう意味でも本当にいい環境で過ごすことができていました。

チーム内でもプラスの意見交換ができていました。河村や吉井といった選手たちは、年齢に関係なく「ここはこうしましょう」と率先して声を出してくれました。僕は僕で言うことは言うし、勇樹はキャプテンとして必要なことを話してくれました。

このチームには、思っていることを気にせずに発言できる雰囲気がありました。いわゆる、心理的安全性が保たれたチームだったと思います。

「チーム」は一朝一夕ではできません。もちろんいい結果が出れば、自信もついて自然とまとまっていくものですが、そうなるためには普段の積み重ねが最も大切です。特にオフコートでいかにコミュニケーションを取り、いかに互いを理解していくか——。

このチームには、そういうことを大切にする雰囲気がありました。

大会前には群馬でチームディナーを開催しました。トムやコーチ陣はいなくて、選手だけの食事会です。

僕が発起人で、「この日は空けておいて」とみんなに呼びかけました。勇樹は各地のおいしいご飯屋さんをたくさん知っているので、彼が通っていた焼き肉店を予約してくれました。事前に食べに行ったらとてもおいしかったし、みんなで行くのにちょうどいい大きさのお店だったので、お店の方に頼んで貸し切りにしてもらいました。

ＮＢＡの時、トロント・ラプターズのリーダーだったフレッド・ヴァンブリートが時々、チームディナーを開催していました。僕としては、それを参考にしたところもありました。

チームディナーで心を一つに

群馬でのチームディナーは、お互いのキャラクターをよく理解して、距離がグッと縮まった感覚がありました。

試合後だったこともあって、少しだけお酒も飲んでいたのですが、その中でも人一倍飲んでいたのは川真田（紘也）でした。ビールで乾杯した直後から、「楽しいわ〜、楽しいわ〜」と言いながら勢いよく飲んで、まだ誰もおかわりしていないのに彼だけがおかわりをしているありさまでした（笑）。

川真田が少し酔ってくると面白い光景を見ることができました。

ターゲットを決めると、いきなり抱きついて「お前のこと好きやわ〜」みたいなことを言いながら絡み出すのです。

ターゲットを変えながら次々と絡んでいくので、僕らはそれを利用していました(笑)。「アイツが暇そうにしてるから行ってくれ」と川真田に頼むんです。そういうかわいい悪ふざけからみんなが笑顔になって、どんどん気持ちを開いていっているのが感じられました。このように、川真田はいい意味でムードメーカーになってくれました。皆さんも感じていると思いますが、彼はチームにとって本当に大事な存在です。

川真田は案の定、僕にも絡んできました。すでにメディアで「代表引退宣言」をした後だったので、「そんなこと言うのやめてや〜。やっと仲良くなれたのに〜」と言いながら抱きついてくるのです。「まだまだ一緒にやろうや〜」とウザいくらいに絡んでくれました(笑)。そういうやりとりの一つ一つが、本当に楽しかったですね。

食べる分野では、宗一郎がダントツで1位。「いつまで食ってるの?」と突っ込みたくなるくらい、1人でずっと食べていました(笑)。

吉井は僕に対して「お前はな〜」みたいな感じで、タメ口で絡んできてくれました。僕は後輩だからといってペコペコと恐縮されるのは苦手で、吉井みたいに突っ込んできてくれるのがうれしいタイプなんです。

河村は試合同様、クレバーな感じでした。川真田の絡みを避けるためなのか、死角に入るようなポジション取りをして、外から全体を観察しているんです。だから、それを見つけた僕らが「河村が逃げてるぞ〜」と指摘して、逃げる河村のところへすぐさま川真田を送り込みました。

あと、会計でも盛り上がりました。すでに先輩・後輩の壁はほぼない状態ですが、こういう場では年齢が上の選手たちでじゃんけんをして支払う人を決めます。いわゆる「男気じゃんけん」というやつですね。

僕や勇樹、マコあたりが参加してみんなの前で白熱したじゃんけん大会を繰り広げます。支払う人は感謝されるし、たとえ総額が高くても、ある意味「おいしいポジション」。レシートを見て「この特上ロースを頼んだのは誰だ?」みたいな感じで突っ込めるのは、支払った者だけの特権です。

確か、あの時はマコがじゃんけんに負けてお会計をすることになりました。実は、マコが負けると一番盛り上がるんです。一番年上なのにいじられキャラなので(笑)。みんなが笑って「ごちそうさまでした」とマコに感謝をして、その場はお開きとなりました。

このチームディナーは、チームがギュッと一つになるきっかけになったと思います。

次の日、トムには「昨日、チームディナーをやったよ」とだけ報告しました。楽しかったよ、というような話はしますが、詳しいことまでは言いません。選手だけの空間があることや、選手だけで共有する情報があることは、選手間の結束を固める意味でも大事だと思っているからです。

群馬でのチームディナーは本当に楽しい時間でした。

でも実は、一番みんなが歓喜ではじけたのはワールドカップ後。

そのことは後ほど紹介したいと思います。

やっとつかんだ歴史的勝利

ワールドカップ1次ラウンドでグループEに入った日本代表チームは、ドイツ、フィンランド、オーストラリアという格上のチームを相手に戦うことになりました。

チームの目標は「アジア1位になって、パリオリンピックの切符を獲得する」こと。僕は代表合宿に合流した初日にトムから「目標にコミットしますか?」「できると信じていますか?」と聞かれたので、「もちろんです」と答えました。目標に対するコミットはトムが全選手に問いかける、いわば「儀式」のようなものですが、選手がその言葉をしっかりと口にすることで責任と覚悟を認識させ、それをチームで共有することができます。こうしたトムのリーダーシップによってチームは一つにまとまっていきました。

初戦のドイツ戦、僕は足の捻挫から復帰したばかり。ドライブすると足に負担がかかることもあって、トムからは試合前に「外から打てるタイミングがあれば、いつでも狙っていってほしい」と言われていました。

結果的にドイツ戦はスリーポイントがなかなか入りませんでしたが、それでも打ち続けさせてくれたチームメートに感謝しています。トムも「打て、打て」と言いながら、僕を信頼してシュートを打ちやすい空気を作ってくれました。やはりコーチからの信頼があるかないかで、選手としてのやりやすさはずいぶん変わってくると改めて思った試合になりました。

ドイツには63-81で敗れましたが、後半に限れば日本はスコアで勝っていました。18点差の負けとはいえ、中身のある負け方にすることができたと思っています。

ドイツはこのワールドカップで優勝することになる強豪。過去の日本だったらもっと大差をつけられていたと思います。でも今回は違いました。ドイツ相手でも、少なくとも同じ戦いの土俵に乗ることはできたという実感がありました。

トムも試合後のロッカールームでポジティブな発言を繰り返しました。そのおかげでみんなは落ち込むことなく次の試合に向けて切り替えることができました。彼の行動や一つ一つの言葉がチームを勇気づけてくれたと思っています。

うそがないトム

そうやってチームをいい方向に導いていくトムのコーチングを、僕は選手として「すごいな」と思いながら見ていました。

当初は、女子日本代表で銀メダルを獲ったからといって、そのやり方が男子代表に通じるのか疑問に思ったこともありました。でも、それは必要のない心配でした。

トムのコーチングのいいところは「うそがない」ところだと思います。ダメなことに対してはダメとはっきりと言ってくれます。これはNBAでも時々話題になるのですが、スター選手に対してヘッドコーチが気を遣って言いたいことを言えなくなることは珍しくないんです。

トムの是々非々の態度は、どんな社会でも上の立場につく人間なら当たり前のように思われるかもしれません。しかし、そう簡単にできることではないと思います。

ヘッドコーチの態度がブレると、選手はコーチについていかなくなるし、チームのまとまりもなくなってしまう。実際、バスケの世界ではそういうことは当たり前のようにありました。

でもトムは、「いいことはいい」「ダメなことはダメ」とはっきり線を示してくれます。そして、ブレない。その上で「私たちはやれます」「自信があります」といった前向きな言葉をいつも言い切ってくれるんです。
そんな**「言葉の力」**が、彼からはビシビシと伝わってきました。

「記憶にない」

迎えたフィンランド戦。ドイツ戦での手応えを自信に変えて臨むことができ、チーム内には「絶対にいける」という、いい雰囲気が漂っていました。

日本はテンポの速い展開からのスリーポイントを軸としたバスケを目指していました。第2クォーターで逆転されましたが、僕は前半を15点差くらいで終わらせることができれば、逆転は可能だと思っていました。

でも第3クォーターで逆に引き離されてしまい、最大18点差まで開いた時にはさすがに「まずいな」と感じました。

僕自身、ケガから復帰してまだ2戦目ということもあって、まだ自分の足が自分のものではないような感覚がありました。本当に必死だったし、体がそんな状態だったからかもしれないですが、フィンランド戦がどんな試合展開で、どう逆転したのかを鮮明に思い出すことができないんです。いつもならプレーの詳細に至るまで覚えているのに、この試合の終盤についてはなぜか記憶が飛んでいました。唯一、頭の中に映像として残っているのは、ＮＢＡのオールスターにも選出されたことがあるラウリ・マルカネンにダンクをブロックされたシーンくらいかな。

それでも啓生や河村が爆発してくれて、日本代表は98-88で逆転勝利しました。

日本代表は、２００６年の世界選手権（現ワールドカップ）１次リーグのパナマ戦で白星を挙げてから、世界大会で11連敗という屈辱を経験してきました。そこからやっと抜けられたという安堵と喜び、様々な感情が混じり合って、僕は涙が止まりませんでした。

マコや勇樹も普段は感情を表に出すタイプではないのに、あの時だけは感情をむき出しにして喜んでいました。雄大に至っては試合後、１時間半くらい泣き続けていたっけ（笑）。

本当に、やっと、やっとの思いでつかんだ「１勝」。

勝利の瞬間の気持ちを言葉にするのは難しいですが、僕のバスケ人生の中でも一番と言っていいくらい、うれしい瞬間でした。

勝因を振り返ると、12人全員がそれぞれの役割を全うすることができたということが一番大きかったのかなと思います。僕は日本代表チームの中で得点力がある方なので、必然的に得点を求められる場面が多くなります。でもあの試合の終盤は、僕が最も得意とする粘り強いディフェンスに100%集中することができました。雄大もそうでした。

僕たちがディフェンスに力を入れられた分だけ、啓生や河村といった若手が自由に動き回り、スコア面でチームを引っ張ってくれました。

僕自身は4得点にとどまり、決して最高のパフォーマンスを見せられたわけではありません。それまでの僕だったら、チームが勝ったことはうれしくても、素直に喜べず、それよりも新たな課題が見つかった一戦だったと捉えていたはずです。

でも、フィンランド戦はそうではありませんでした。僕個人のパフォーマンスより、もっと大事なことがあると心の底から感じていたからです。スタッツ（成績）には残らない地道な仕事をやり切ったという自負もありましたが、何よりもチームメートやスタッフへの信頼や感謝の気持ちが大きかったです。

ワールドカップではいろいろな選手が成長したことによって、相手からすると攻守に的が絞りづらいチームになったと思います。それが日本代表チームとして主要国際大会で初の欧州勢からの白星という、歴史的な結果につながったのではないでしょうか。

続くオーストラリア戦は、勝てば1次ラウンドを突破してフィリピンで行われる決勝ラウンドに進むことができる大事な一戦。僕は足の状態も少し良くなって、調子はかなり戻っていましたが、東京オリンピックで銅メダルを獲得したオーストラリアの壁はさすがに高く、89－109で敗れ、僕たちは1勝2敗で各グループの下位チームが進む順位決定ラウンドにパリへの希望を託すことになりました。

勝ち切って手にしたパリへの切符

順位決定ラウンド初戦のベネズエラ戦は、フィンランド戦同様に、苦しい時間帯が続きました。第4クォーターには最大15点差をつけられましたが、あきらめなかった僕たちは、終盤にスイッチの入ったマコがビッグショットを連発して、86－77で逆転勝利を収めることができました。

僕はチーム最長となる38分の出場で21得点を挙げ、チームの勝利に貢献することができました。ただ、この試合のヒーローが誰かは、見ている人は分かっていたと思います。そう、ヒーローはマコなのです。試合後の記者会見にはトムと一緒に呼ばれましたが、「僕はここにいるべきではない。マコがここにいるべきだ」と発言した覚えがあります。

あの試合はマコの爆発力がなければ勝てませんでした。長年日本代表で一緒にプレーしてきましたが、この大事な一戦でやっと本来の力を発揮してくれたんじゃないかな。だから自分のパフォーマンス以上にマコの活躍がうれしかったし、とても誇らしかったので、「これが『比江島慎』なんだ！」と何回も叫んでいたと思います。

その後、カーボベルデとの最終戦に向けて、チームは自信に満ち溢れていました。フィンランド、ベネズエラに勝ち切れたことはもちろん、ドイツ、オーストラリア相手にも自分たちの長所を出せたという実感があったからです。

ただ、1日おきの5試合目となると、僕の体はボロボロで、まさに満身創痍でした。NBAのレギュラーシーズンであればおそらくどこかで休んでいたと思います。でも自分の心は「すべての試合に出ること」しか考えていませんでした。だから、きちんとチームドクターやトレーナーと相談して、プレーできるという判断をもらった上で試合に臨みました。

カーボベルデ戦はそれまでに勝った2試合とは違い、序盤から主導権を握るという展開。18点差をつけた時には、「さすがに負けることはない」と思いました。

それが「心の隙」になってしまったのか、第4クォーターではピタリと日本の得点が止まり、一時3点差まで詰め寄られる苦境に陥りました。

ただ冷静に見てみると、相手には元NBA選手のエディ・タバレス（ウォルター・タバレス）という221センチの巨漢センターがいて、もともと日本が大差で勝てるほど力の差があるとは思えませんでした。だから猛烈な相手の追い上げにも、僕はそれほど焦ることはありませんでした。

試合直前に川真田がケガをしてしまったので、インサイドは僕とジョシュの2人で支えるしかないと覚悟を決めて臨んだ一戦。ジョシュの存在は本当に最後まで頼もしく、輝いて見えました。

最終スコアは80-71。この勝利でアジア1位が確定し、僕たちはパリオリンピックの切符を勝ち取ることができました。

これが最後の日本代表になるかもしれないと頭の片隅で考えながら臨んだワールドカップ。
勝てる保証なんてどこにもなかったワールドカップ。
それでもみんなが一つになって結果を残したワールドカップ。

日本のバスケットボール界の歴史に新たな1ページを刻むことができたその瞬間、場内が歓喜の輪に包まれました。

僕自身もうれしい気持ちがもちろんありましたが、どちらかと言うと、安堵の気持ちの方が強かったかもしれません。

「まだこのチームで戦うことができるんだ」「これが最後ではないんだ」という感情が頭をよぎり、ホッとした気持ちとプレッシャーから解放された感覚の両方がありました。と同時に、「アジア1位」だとしても、まだ「世界19位」。これで満足している場合じゃないという思いもありました。

このチームは、代表合宿の時から最後の12人に入るために激しい競争をチーム内で繰り広げてきました。トムが2年ほどの歳月をかけてそういうチームを作ってくれたのです。

ワールドカップ前に落選してしまった須田（侑太郎）さんや金近（廉）、（渡邉）飛勇、（テーブス）海も含めて、選手たちは「次は自分が落とされるかもしれない」というギリギリの精神状態の中で戦い続けてきました。僕もNBAで何度も何度も崖っぷちに遭遇してきたので、その苦しさは理解しているつもりです。だからこそ、僕の中には彼らへのリスペクトがあったし、今までにないくらい強い団結がそこにはありました。それが**「チーム力」**につながったのだと思います。

夏の終わり

パリオリンピック出場を決めた夜、沖縄のお店を貸し切ってチームのみんなで祝杯をあげました。

群馬でのチームディナーの時は大会前だったこともありお酒は控えめでしたが、沖縄でのあの夜は、翌日のことは何も気にせず、みんなが気兼ねなくベロベロになるまでハブ酒を飲んでいました(笑)。僕が生きてきた中で一番楽しい飲みの場だったと思います。最後にみんなで記念撮影をしてお開きになりましたが、ホテルに戻ってからもまだ熱が冷めないメンバーたちは、部屋で飲み直していました。僕は沖縄まで応援に駆けつけてくれていた旧友と朝まで語り合いました。

次の日、酔いから醒めたメンバーで海に行った時、「俺たち、ずっと合宿と試合ばかりで夏らしいことを全然やってないから、みんなでバーベキューでもやりたいね」という話になったこともあり、東京に戻ってからメンバー全員がそろってテレビ出演をした後にバーベキューをすることが決まりました。

バーベキュー当日は、最終の12人に残れなかったメンバーも予定が空いていれば参加してくれました。みんなでご飯を食べて、みんなで笑って、みんなで花火をして――。最高のひとときでした。

会が終わりに近づくにつれ、「このメンバーと一緒にいられるのはこれで最後なんだ」と、急に寂しくなってしまいました。普段はそんなことをあまり感じないタイプですが、それくらいこのチームのことが好きだったし、もっと一緒にプレーしたいと感じていたんです。

これまでいくつものチームでプレーしてきましたが、このような切なさを感じたのは、高校時代、最後の大会となったウインターカップの時以来だったかもしれません。

キャプテンとは

ワールドカップの日本代表チームでキャプテンを務めたのは、勇樹でした。

長く日本代表で一緒に活動してきましたが、僕が知る限り、勇樹はキャプテン気質の人間ではなく、我が道を行くというか、周りに流されることなく、自分の思ったことを実行するタイプ。

だからトムから勇樹をキャプテンにすると聞いた時、最初は「どういうこと？」と疑問に思ったくらいです。もちろん勇樹はポイントガードとして、1人の選手として素晴らしい力を持っていますが、代表チームのリーダーというイメージがあまり湧きませんでした。

でも勇樹はすごかった。

実際にワールドカップまでの道のりを一緒に行動して、自分の認識が間違っていたことを思い知らされました。勇樹はチームの様々なことに気を遣いながら、スタッフやチームメートに頻繁に声をかけて、うまくバランスをとってくれていたのです。

ＮＢＡに在籍し、日本代表に常時関わることが難しい僕とは違い、ずっと日本に身を置き、日本代表のことをいつも気にかけてくれていた勇樹。そんな彼のことをトムはすごく信頼していたように見えました。トムからの信頼を背に感じながら、勇樹もこの2年間ほどで精神的に成長していったように思います。


その前のワールドカップや東京オリンピックの時は、僕が日本代表チームの共同キャプテンを務めていたので、今でも僕のことを代表キャプテンだと勘違いする人がいます。２０２４年5月に故郷の香川に帰った時には、高校3年生のバスケ部員から「渡邊選手はワールドカップでキャプテンをされていましたが」と言って、キャプテン論について質問されたこともあるくらいです。この時は「そうじゃないよ」と笑って訂正しましたが、本当に勘違いは多かったですね。

でも、僕の中には「誰がキャプテンをやっていても関係ない」という持論があります。

２０２２年のアジアカップの頃だったと記憶していますが、最初にトムのチームに合流した時、「このチームでは勇樹がキャプテンをやってくれているけど、雄太はそれでいいか?」とトムが気を遣いながら聞いてくれたことがありました。

僕は「そういうことは気にしません。どっちみち、チームにとって必要なことがあれば、いろいろ言うので大丈夫です」と返答しました。

自分の肩書が何であれ、チームにとって必要なことがあれば言葉にするし、行動に移す。僕にとって、それは至極、当たり前のことだと思っています。

その思いの根底にあったのは、尽誠学園高校時代の色摩先生の口癖でもある「キャプテンが目立つチームって二流だよな」という言葉です。

僕はその言葉に共感しています。高校生ならまだしも、プロ選手、ましてや日本代表になるような選手たちが集まっているのに、キャプテンしか声を出していないような状況があったとしたら、皆さんはどう思いますか？　僕はもしそういうチームを見てしまったら、「一体、キャプテン以外の選手は何やってるの？」と思うし、そんなチームからは魅力を感じることはないと思います。

僕は、キャプテンはある意味、名目だけでいいと思っています。特定の人だけにリーダーの役割を任せるような状況を作るのはあまりよくないと思うからです。その意味では、この日本代表チームでは若手も含めて多くの選手が積極的に発言しながらリーダーシップをとっていました。勇樹は本当にすごかったけれど、決して彼1人に任せているわけではなかったのです。

器の大きさに感銘

リーダーシップという側面以外でも、ワールドカップで勇樹の姿を見ていて、彼のすごさを感じることがありました。それは、彼の**素直さと器の大きさ**です。

もともと日本代表のポイントガードは勇樹がスタートで、河村がベンチでした。でもフィンランド戦の逆転勝利を経てそれが逆になり、勇樹はベンチになったんです。

若い選手に自分のポジションを奪われるのって、本当は悔しいはず。でも、勇樹はこう言ったんです。「河村はマジですごいよ」って。

そこに照れ隠しや強がりはなく、心の底から河村のことを認めていることが感じ取れました。僕と勇樹の関係性なら、選手起用に納得のいかないことがあれば、不満の一つでも言えたはずです。でも、そんなことは一切言わず、河村のことをずっと本気で褒めていたんです。

もし、今の僕が勇樹と同じ立場だったら、すごく悔しがると思うし、若い選手にポジションを奪われるという経験は、誰もが避けて通りたいはず。でも、勇樹はそれを素直に受け入れたんです。そんな彼の器の大きさに感銘を受けました。

このような人間性も評価して、トムは勇樹をキャプテンに指名したんだと思います。

先ほどの僕の持論と少し矛盾するかもしれませんが、勇樹がキャプテンじゃなかったら、ワールドカップの結果はまた違うものになっていたかもしれません。

日本代表よりドイツ代表

子どもの頃の僕にとって、憧れの選手の1人がダーク・ノビツキーでした。

僕が初めて日本代表の試合を見たのは、2006年に日本で開かれた世界選手権（現ワールドカップ）のドイツ戦。

あれは確か、1次ラウンドの初戦だったと思います。

でも、あの時の僕が見たかったのは日本代表チームではなく、ドイツ代表のノビツキーだったんです。彼のプレーを見るために、テレビに張りついていました。

当時僕は11歳で、小学校6年生。正直に言って、あの時の僕は日本代表に対する認識や思い入れはあまりありませんでした。「ワールドカップ」はサッカーだけの大会だと思っていたくらいです（笑）。

オリンピック種目にバスケがあることは知っていましたが、他に国際大会があることは知らず、一緒にミニバスをしていた仲間たちと「日本代表を目指そう」なんて話をした覚えもまったくありません。

言い方は悪いかもしれませんが、僕が幼少期の頃、バスケで日本代表になりたいという同世代の人間を見たことがありませんでした。

当時は日本代表の試合をテレビやインターネットで見ることができなかったですし、そもそも、一体いつ、どこで、どんな活動が行われているかを知るよしもなかったんです。

僕が高校2年の時に初めて日本代表に選んでいただき、そこから様々な経験をするようになってからは、日本代表としての自覚や日の丸を背負う責任感が芽生えていきました。

でも、子どもの頃はＮＢＡ一筋。

「いつか自分もあのスポットライトの当たる場所に立ちたい」

「ノビツキーやコービー・ブライアントのようなプレーがしたい」

それが僕の夢でした。

僕のキャリアにおいて、日本代表よりＮＢＡの舞台でプレーすることの方がはるかに大きな夢でした。だから、たとえプレーする機会が極端に少なくても、崖っぷちの苦しい時間ばかりだったとしても、僕はアメリカで踏ん張ることができました。子どもの頃から体に染みついていたＮＢＡへの憧れが、自分を極限まで突き動かしてくれたんだと思っています。

大きな転換点を迎えて

僕の中でＮＢＡと日本代表の位置づけが決定的に変わったのは、沖縄でのワールドカップの時でした。

自分がメイン選手の１人として試合に出続けて、信頼できる仲間たちと一緒に世界の舞台で勝ち切ることができたことで、試合に出てプレーすることが何よりも面白くて、大切なんだということに気づいたんです。

自分がローテーションの一員としてプレーすることができたブルックリン・ネッツ時代は、僕のＮＢＡでの６シーズンの中で間違いなく最もエキサイティングな期間でしたが、沖縄で日本代表として過ごした日々はそれを上回りました。

そう、自分の中の価値観が変わり、僕にとって大きな転換点になったのです。

少し時間が経った今、何がそれほどまでに特別だったかを考えてみました。

その答えは「充実感」でした。沖縄の熱狂的な雰囲気の中でプレーできたこと、自分がチームの中心にいることができたこと、そして何よりも、信頼ができる仲間と勝ち切れたこと——。

そのすべてにおいて僕は充実感に満たされていました。

ネッツではスリーポイントシュートを決める度に、ファンの皆さんが大歓声を送ってくれました。僕にとってあの時間はめちゃくちゃ気持ちよかったのですが、アメリカのファンからすると、「よく知らないアジア人のロールプレーヤーが急にシュートを決めだした。じゃあ、応援してやろうか」というくらいの感覚の人もたくさんいたと思うんです。

でもワールドカップは違いました。日本のファンの皆さんは昔から僕のことを知ってくれていて、その上で自分に大きな期待を寄せてくれました。

もちろん直前のケガもあったりして、全部が満足のいくプレーではなかったけれど、中心選手の1人として思う存分プレーすることができました。3勝という結果もそうですが、バスケの面白さに再び気づけたことは、とても大きな収穫となりました。

ノビッキーの思い出からずいぶんと話が逸れてしまいましたが、自分の中で日本代表の位置づけが大きく変化したことは伝わったのではないかな、と思います。

2011年に初めて日本代表に選ばれてから、長く日の丸を着けてプレーをする中で、子どもたちに憧れられるような日本代表でいなければならないという責任感は強く持っています。もちろん昔の僕のように、他国のスター選手を応援したり、NBA選手になりたいと思ったりすることもいいと思います。

それでも、日本で生まれ育ったバスケ選手たちが、当たり前のように日本代表を目指してほしいと思いますし、今回のパリオリンピックも含めて、その環境は整ってきたと感じています。

今後も僕が1人の選手としてそういう環境を作るお手伝いができるなら、それはすごく幸せなことだと思います。

僕を極限まで突き動かしてくれたのは、
子どもの頃から体に染みついていた
ＮＢＡへの憧れでした――

JAPAN
12
SoftBank
JPN

自分とは真反対だからこそ

富樫勇樹（千葉ジェッツ）

雄太に初めて会ったのは２０１１年のウィリアム・ジョーンズカップのメンバーとして一緒に日本代表に招集された時だったと思います。

僕はアメリカの高校にいて、一つ下の雄太は高校２年生でした。線は細かったけど、当時からシュートタッチがすごく柔らかかったことを覚えています。中学時代の雄太は全国的にもまだ無名の選手で、尽誠学園高校に入ってから一気に身長が伸びてプレーヤーとしても成長したので、その時、僕は彼の存在を知りませんでした。初めて会った時は「こういう選手がいるんだ」というくらいの印象でしたね。でも、僕と雄太と橋本晃佑（現ライジングゼファーフクオカ）の３人が20歳以下の同世代だったこともあり、合宿や遠征中はずっと一緒にいて、少しずつ話すようになりました。

仲良くなったのは雄太が大学でアメリカに来てからです。雄太が所属したジョージ・ワシントン大学には僕の高校時代のチームメートがいたり、知り合いのストレングスコーチがいたりしました。僕自身もアメリカの大学への進路を考えていた時で、実際にジョージ・ワシントン大学と話をしたこともありました。

そんなゆかりのあるチームに雄太が入学したので、シーズン中は試合結果やスタッツをよくチェックしていました。雄太とは1、2回、遊びに行ったこともあり、そこから距離がグッと縮まったように思います。

日本代表での一番の思い出はやっぱり、2023年のワールドカップですね。僕と雄太とマコ(比江島慎)はそれまでずっと代表で結果を残せなかったけれど、やっと成果を出すことができた大会。あれだけキツイ合宿を一緒にやりながらみんなの絆が深まって、最後の日の飲み会は僕の中でもすごく楽しい思い出として記憶に残っています。

雄太がメンフィス・グリズリーズでメンタルの調子を崩したと聞いたのは、僕がたまたま電話をした時でした。驚いたけれど、雄太が大学時代から1日たりとも気を抜かないで努力していることを知っていたので、「いつかパンクしちゃうんじゃないか」と懸念していました。僕は365日、バスケのことばかり考えるのが無理な性格なので、真面目に愚直にやり続ける雄太のことが心配だったんです。

雄太が「気持ちの部分で難しくなった」とポツリとつぶやいたので、僕は「無理はしなくていい。ゆっくり休んで」と返事をしました。決して「日本に帰ってくればいい」とは言っていません。雄太がずっと極限状態でやり続けてきたことは知っています。だから、体と心が元気にならないとNBAでやっていくことは難しいだろうなと思っていました。

雄太がNBAを去り日本に戻る決断したことを電話で伝えられた時は本当にびっくりしました。僕は、雄太が日本に帰ってくるならどうしても一緒にプレーがしたいと思いました。もちろん千葉ジェッツを選んでくれたら一番いいけれど、僕自身、「千葉ジェッツじゃなくても雄太と一緒にできれば」という思いが強くて、別のチームでプレーすることを考えたこともありました。それくらい「一緒のチームで」と思っていたんです。雄太とは頻繁に連絡を取り合いましたが、もちろん最後は雄太の決断です。

僕は雄太がアメリカに行ってから11年間の血の滲むような努力を知っています。だからこそ、Bリーグではとにかく楽しく、好きなようにプレーしてほしいのです。周りからはいろいろ言われることもあるかもしれないけれど、ストレスなくバスケができる場所を選んで、できるだけ長くプレーしてほしいと願っています。

僕と雄太のバスケに対する準備のやり方は真反対だと思います。僕は絶対に雄太みたいにキッチリとはできません。でも、それは互いが自分のことをよく知っていて、自分なりの準備をしているから。タイプが違うからこそ、そこには互いへのリスペクトがあるのかなと思っています。

雄太は一緒にいて、気を遣う必要がない存在です。振り返ると、実は今まで日本代表以外で長く一緒にいることはそんなに多くなかったんです。千葉ジェッツで同僚の原修太なんて年間で300日くらい一緒にいますけど、雄太はたった1カ月くらいですから(笑)。でも、その短い期間で、雄太とはものすごくいい関係性を築いてきたと思います。こんな人はほかにはあまりいません。

だから僕にとって雄太はすごく大切で、貴重な親友なんです。

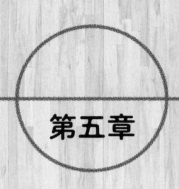

第五章

過剰な意識が自分を縛る

2023〜2024年　フェニックス・サンズ

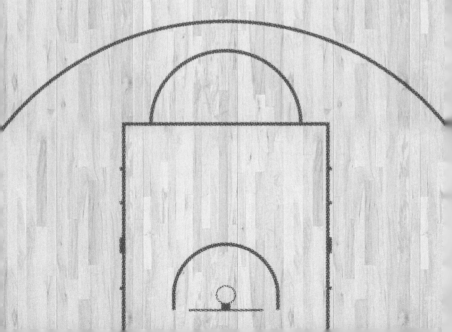

ワールドカップ後、「日本代表の渡邊雄太」から「ＮＢＡのYuta Watanabe」への気持ちの切り替えは簡単なものではありませんでした。

フェニックス・サンズのユニホームを着るのは初めてでしたが、チームに合流すれば緊張感が出てきて、「これから別の戦いが始まるんだ」と勝手にスイッチが入るだろうと思っていました。予想通り、切り替えはある程度できた感覚はありましたが、今思えば、充実していたワールドカップの余韻がずっと自分の体の芯に残っていたような気がします。

気持ちの切り替え

２０１９年のワールドカップの時は、大会後すぐにメンフィスに戻りました。大会は5連敗という苦い結果だったので、しばらくはボールも見たくなかったというのが本音でしたが、あの時の僕はまだ2ウェイ契約。「これからＮＢＡで自分の存在意義を証明しなければならない」と自分を奮い立たせていました。こんなどんよりした気持ちのままではダメだと思って、自分の体を叩き起こした感覚を覚えています。

しかし、２０２３年のワールドカップ後は違いました。日本代表の歴史を変える結果を出せたので、すごくいい状態で新しいシーズンを迎えられる感じがありました。ワールドカップに合わせて一度、状態をピークに持っていきましたが、大会後に1週間くらい休んで疲れ切った体をリセットすることができたので、万全のコンディションでサンズのキャンプやプレシーズンに臨むことができたと思います。

「気持ちの切り替え」という一点を除いては——。

「NBAはNBA」、「代表は代表」と完全に考え方を切り離せばよかったのかもしれません。実際に、今までの僕はNBAのシーズン中、日本代表のことは考えないようにしていました。というより、毎日が必死で考える余裕がなかったのです。トム・ホーバスヘッドコーチからの連絡に応えなかったこともあるくらいです。

しかし、沖縄でのワールドカップの余韻が抜けなかった僕は、アリゾナの自宅にユニホームと記念写真を部屋の一番目立つ場所に飾るほどでした。実家には過去のトロフィーなどが大切に保管してありますが、ユニホームなどを自分の家に飾ったのは人生で初めてのことでした。

そういうことも含めて、いつもはできていた気持ちの切り替えがなかなかできない自分がいたのです。

過去一番の状態で迎えたシーズン

でも、気持ちの切り替えができなかったことに対して後悔は一切ありません。**あのワールドカップを経験したからこそ、自分が思い込んでいた固定概念みたいなものを変えることができたからです。**それはそれで、自分の人生にとってプラスになったと思うし、あの時の気持ちの変化がなければ、日本に拠点を移すという決断もできなかったはずです。

もちろん、オーナー自らが誘ってくれたサンズでプレーすることにやりがいは感じていました。チームに合流して選手層の厚さを目の当たりにした僕は、「このチームでプレータイムを勝ち取ることはめちゃくちゃ大変だろうな」とすぐに察しました。しかし、そういう環境が逆に刺激になりました。このスターぞろいのチームの中でブルックリン・ネッツの時のような働きをして、「初のNBAチャンピオンになるんだ」というモチベーションがあったくらいです。

さらに、活躍するための土台も整っていました。過去5シーズンは開幕ロスター入りを勝ち取るために、プレシーズンの試合にピークを持っていかないといけなかったのですが、サンズのキャンプやプレシーズンではそこまで焦る必要がありませんでした。

あの頃はサンズのロスター候補は17人いて、2人をカットしないといけない状態。僕がカットされる可能性もゼロではありませんでした。それでも、基本的にはチームから欲してもらい、自分を評価してもらえているという前提があったので、心の持ち方がそれまでとは違いました。たとえ余裕がある状況でも練習やプレシーズンゲームで手を抜かないのが僕という人間なのですが、シーズン開幕時に状態をピークに持っていくことが、自分にとっても、チームにとってもベストなんだと思えたのはNBAのキャリアにおいて初めてのことでした。

NBA選手の平均キャリア年数は4シーズンと言われています。その中で、僕はネッツで充実の5年目を過ごし、自分がようやく本当の意味でNBA選手になれたという手応えをつかむことができました。サンズ2年目にプレーヤーオプションがついた契約を勝ち取れたことも大きな自信になっていたと思います。

ワールドカップを経て迎えたNBA6年目。待遇にしても、環境にしても、自分の自信という点でも、今までやってきた中で一番の状態で迎えられたシーズンだったのは間違いありません。

順風満帆

サンズに合流してしばらく経った、チーム練習でのことです。

2対1のトレーニングで、最初に僕がディフェンスに入りました。するとオフェンス側はブック（デビン・ブッカー）とＫＤ（ケビン・デュラント）という顔ぶれ。ともにＮＢＡオールスター経験者で、パリオリンピックでアメリカ代表になったスーパースターです。「なんだ、これ」と内心で思っていると、フランク・ヴォーゲルヘッドコーチからひと言、「これを止めなかったら、雄太はローテ外だからな」と笑顔で言われました。

この２人に攻められて１人で守り切れる選手なんて、おそらく世界中を見渡しても誰１人いないと思います。でも、そういう冗談を言ってもらえるくらい僕のことを信頼してくれていることが、コーチの口ぶりから伝わってきました。

スーパースターの２人とのプレーは楽しかったです。ＫＤはネッツの時から相性がよかったので、サンズでもいいコミュニケーションがたくさん取れました。ブックも最高のパスをたくさん捌いてくれて、「僕のことをちゃんと見てくれていたんだな」ということが伝わってきました。もう１人の「ビッグスリー」であるブラッド（ブラッドリー・ビール）も気さくで話しやすい選手でした。

このように、周りとの関係性についても、開幕前まで余計なことを考えることなく過ごすことができました。これも、**心の持ち方がそれまでとは違ったからこその産物**かもしれません。

余談にはなりますが、ＫＤとブックとはオリンピックに関する会話をしたことがあります。ワールドカップの話題になったので、ＫＤに「来年のオリンピックはどうするの？」って聞いてみると、「俺はパリには出るつもりだよ」と言っていました。ブックも同じようなことを言っていました。

この2人は味方にすると「超」がつくほど心強いのですが、それが敵となれば話は変わります。だから僕は「オリンピックではアメリカと対戦しませんように」と心の底から願っていました（笑）。

フェニックスは遠征先だった時からお気に入りの場所。街もきれいだし、過ごしやすい気候で、ニューヨークやトロントのような都会ではないけれど、きれいな田舎という印象がありました。住居があったアリゾナ州スコッツデール周辺には日本食のスーパーマーケットがあったことや、道路が広くて運転しやすいということも、僕にとってはありがたいと思えることでした。

さらに、山々に囲まれている風景は、故郷の香川を彷彿させました。香川で高速道路を運転していると、讃岐山脈が広がって見えるのですが、フェニックスでも同じように高速道路から山々が見えました。そんなに高い山ではないけれど、それなりの大きさの山がずっと連なっているんです。そんな風景が「この感じ、地元と一緒だな」と、僕にホッとするひとときを与えてくれました。

あのワールドカップを経験したからこそ、
自分が思い込んでいた
固定概念を変えることができた——

Okinawa
9-2-2023
SUNS

無意識の意識化

開幕前には技術的な部分の成長にも手応えを感じていました。というのも、シュートに関して、自分なりに新しい感覚をつかんでいたんです。そのおかげでプレシーズンゲームのロサンゼルス・レイカーズ戦では約16分の出場で12得点を挙げることができました。この頃、楠元《くすもと》龍水《りゅうすい》と話していて気づいたのが、**「無意識の意識化」**ができるようになっていたということ。

少し言葉の説明をしたいと思います。

僕は、シュートがよく入っている時とそうじゃない時で、自分の中で明確に「これが違う」という感覚が分かるようになっていました。

シュートが入っている時は単純にそのまま無意識に打ち続ければいいんです。でも外れ出した時には、あえて意識的にシュートを打つよう心がけています。「こういう外れ方をしていたから、ここが悪い」と修正ポイントを自分なりに探り出し、その修正点を徹底的に意識して打つわけです。

意識的に何本かシュートを打って連続で決まるようになったら、また無意識に戻していく。その一連の流れを僕たちは「無意識の意識化」と呼んでいました。そういう作業を何度も繰り返すことで、シュートタッチをいい状態で持続させることができるようになっていきました。

この感覚をつかめるようになってからは、シュートが外れても焦りは一切なくなりました。**正しく修正すれば必ずよくなる**ことが分かっていたからです。そういうこともあって、フェニックスに到着してから開幕までの約1カ月半はものすごくいい状態を保てていたと思います。

そうやって迎えた10月24日、ゴールデンステイト・ウォリアーズとの開幕戦ではベンチスタートでしたが18分弱のプレータイムを獲得できました。自分らしくルーズボールに絡むハッスルプレーができたし、ディフェンスも悪くありませんでした。スリーポイント2本を含む8得点4リバウンドというスタッツ（成績）で勝利に貢献することができたこの試合は、NBA6年目で初めて、開幕ローテーションの一員として納得のいくプレーをすることができたと思います。

試合後の記者会見では**「ここまでずっとしんどい、苦しい経験をしてきましたが、あきらめずに続けてきたから、こういうタフな場所で、強い相手に勝ち切るチームでやれている。僕もベンチから出て、及第点というか、自分の仕事をしっかりやれたと思います」**と話しました。

この時点までは、サンズという新天地で自分が思っていた以上に順調なスタートを切ることができていました。

期待に縛られて

サンズで好スタートを切り、開幕から10試合ほどはコンスタントに出場機会を獲得することができていました。しかし、その辺りから必要のないことまで考えるようになっていきました――。

本来なら「開幕ローテーションに入ることができたのは初めてだ」と無邪気に喜んだり、プレータイムを獲得していることに自信を持ったりすればいいのに、ふとベンチを見て「あんなにいい選手たちよりも、僕が先に出ている」という事実を自分の中で重く考えてしまっていたのです。

あまり活躍できなかった試合の後には「やばい、周りはもっと自分に期待しているんじゃないか」と勝手に余計なことまで考えることもありました。

過去の5シーズンは本当に無我夢中でやっていて、周りのことを考える余裕はありませんでした。なのに、少し考える余裕ができた途端、考えなくてもいいことばかり考えてしまうのです。それが、僕という人間の弱さなのかもしれません。

サンズでは「なんとしても優勝する。チャンピオンリングを獲るんだ」ということが当初は自分の中での大きなモチベーションになっていました。

そのためにチームの一員として活躍しなければいけないと、必要以上に大きな期待を自分自身にかけてしまっていました。それ自体は悪いことではないのですが、僕の場合は周りの期待を必要以上に大きく見積もってしまったんだと思います。ネッツでの活躍を認められてサンズからオファーをもらったのだから、「50%近い確率でスリーポイントを決めなければいけない」「オープンシュートは絶対に決めなければいけない」と自分に言い聞かせてしまっていたのです。

どちらかと言えば「自分がやるんだ」という主体的な思いより、「周りがこう思っているかも」という感覚に捉われていて、周りの目を過剰に気にして自分自身ときちんと向き合うことができていなかったように思います。そういうメンタルだった僕は、いいパフォーマンスができるわけもなく、次第に出番が減っていきました。

思い返せば、後に精神的にしんどくなってしまった前兆は、この頃から始まっていた気がします。

「好事魔多し」という言葉のごとく、このシーズンは順調すぎたワールドカップから始まり、サンズでも周りにきちんと評価してもらうことができ、今までとは違って余裕を持つことができていました。そのことが考えすぎてしまう一因になっていたように思います。

精神面のコントロールという点では、ワールドカップの時の自分が最も理想的でした。

例えばフィンランド戦。前にも書きましたが、僕はこの試合で4得点のみ。それまでの僕だったら、「チームで唯一のNBA選手なのに4得点で終わるなんて」と、自分に対していら立ちを覚え、次戦に向けてプレッシャーをかけまくっていたと思うんです。

でもあの時はそうではありませんでした。もちろん反省すべき点は反省しましたが、自分のパフォーマンスどうこうは二の次で、「チームが勝つ」という一点にひたすらフォーカスできていました。

だからこそフィンランド戦のパフォーマンスを引きずることなく、次のオーストラリア戦では24得点を挙げることができたんだと思います。試合は負けてしまいましたが、気持ちの切り替えはしっかりできていました。

それができた理由は、今思えば単純です。**純粋にバスケをすることが楽しめていたん**です。

沖縄では――。

でもそういうメンタルは長くは続きませんでした。サンズでの序盤、スリーポイントの成功率は30%台を推移していました。この数字はそんなに悪くないはずなのに、自分の中で考えるのは「周りはもっと期待しているはず」ということばかり。

もちろん、自分には言い聞かせていたんです。「確かにパフォーマンスがめちゃくちゃ上がっているわけではないけれど、シュートの確率だけを見たら悪くないよ」って。

でもその一方で、「昨シーズンはスリーポイントを44%で決めているんだから、シーズン序盤は50%くらいいけるだろう?」という、自分の心にいる悪魔のささやきが聞こえてくるのです。

そんな周りの声みたいなものを勝手に作り上げて、勝手に振り回され、挙句の果てには自分で自分の首を絞めてしまう始末——。

もちろんオファーをくれたサンズとしては、昨シーズン以上の活躍をしてほしいという僕に対する期待はあったと思います。だからといって、実際にコーチやフロント、そしてチームメートから自分のパフォーマンスについて責められたり、メンタルを追い詰められたりするようなことは一切ありませんでした。

それなのに——。

「ファンの人たちの期待を裏切ってしまっている」

「ファンの人たちは自分のことをよく思っていないんだろうな」

そんな風に自分を責めるようなことばかりを考えていました。

知らぬが仏

こういうメンタルになってしまった原因の一つに、ＳＮＳの影響があったように感じます。今はインターネット全盛の時代なので、スマートフォンから簡単に様々な情報を目にすることができます。見たくないものも含めて——。

１０００個のコメントのうち、たった１個の批判的なコメントを見るだけで、それがあたかも世間の声なんだと感じてしまう時もありました。ネガティブなコメントが、多くの肯定的な意見や励ましを自分の頭から消し去ってしまい、「なんでこんなことを言われなきゃいけないんだ」と感じてしまうんです。

それまでの僕は、そういったコントロールは割とうまくできていたはずなのに、だんだん気持ちの切り替えができなくなっていきました。

もう少し、自分自身をリラックスさせてあげるような工夫ができていたなら、また別の未来が待っていたかもしれません。でも僕はＮＢＡ在籍中、ちょっとでも遊びに行ったり、シーズン中に別のことに気を取られてしまったりすると、「バチが当たる」と思い込んでいました。なぜなら、僕みたいなメンバーギリギリの立場の人間が遊びに行くと、「バスケの神様に見放される」と本気でそう思っていたからです。

他の選手はちょっとしたオフにゴルフをしたり、買い物に行ったりとバスケ以外のことを楽しんで、気持ちを切り替えていましたが、僕はそういう息抜きがあまりできませんでした。ブルックリンにいた時は、ニューヨークまで妻と一緒に買い物に行ったり、街を歩いたりすることもあったのですが、フェニックスにいた時は途中から外出するのが少し怖いと思うくらいの精神状態になっていました。

日本でプレーすることを決めて帰国した僕は、X(旧ツイッター)のアカウントを自分で運用することから距離を置きました。その代わりに「見る専用」のアカウントを作り、自分の興味があるものだけをフォローするようにしてみると、気持ちがずいぶん楽になりました。

パリオリンピック前の2024年6月、「怪我をしました」とXで報告してからは、SNSをほとんど見ませんでした。だから、親から「いろいろケガのことを言われて大変だと思うけど」とSNSを見て心配する連絡があった時も、「直接は言われていないよ、なんにも」と返しました。

僕と直接関わっていた人たちは、僕がどういうプロセスでケガをしたのか、どれだけ一生懸命やった結果のケガだったのかを理解していたので、親身になってケアをしてくれていたし、僕を責める人は誰もいませんでした。

過去にもＳＮＳでネガティブなことを言われることはたくさんありました。でも今回、ＳＮＳから離れてみたことで、名前も分からないネット上の声には過敏に反応する必要はないということを改めて痛感しました。

もちろんＳＮＳを通じてたくさんの方々に励まされたことがあったことも事実だし、本当に感謝しています。それでも、自分にとって必要ではないことは見ないのが一番だと気づきました。まさに、「**知らぬが仏**」なのです。

支えてくれた人たち

サンズで出場機会が減っていく僕を、いつも励ましてくれるチームメートたちがいたことも紹介したいと思います。

ベテランのエリック・ゴードンと、同い年のユスフ・ヌルキッチ。２人は一緒にサンズに加入したこともあって、よく声をかけてくれました。

僕は、どんな状況になっても練習には必ず行くようにしていました。試合の日はみんなより早めに行って個人でワークアウトするのが日課でした。

すると、そこにエリックがいるんです。彼は主力として試合に出ているような選手なのに、僕がいる時間から体育館で動いたり、体のケアをしたりしていました。そういう時に会話をして、互いにリスペクトするような関係になっていきました。

エリックはおとなしめのキャラクターなのに対し、ヌルキッチはフレンドリーで、213センチという体と比例するかのように器の大きな人間です。面倒見がよくて、ずっと僕のことを気にかけてくれたヌルキッチは、僕がメンフィス・グリズリーズにトレードされた後、試合で活躍できた時にはすぐさま連絡をくれて「すごくうれしいよ」と言ってくれました。

2人とは今でも時々連絡を取り合っています。ヌルキッチは2024年のオフに来日した時に連絡をくれました。エリックも「パリオリンピックが終わったら、日本に行きたいんだよ」と僕に相談してくれました。

NBA在籍時、チームから見た僕の評価としては、プレー面では評価することができない部分もあったかもしれません。だけど、人間性についてはどのチームでも評価をしてもらえていたという自負があります。

どんな時でもハードワークをして、チームのために全力を尽くすことを貫いてきたことを周りに認めてもらえたからこそ、僕みたいな選手でもNBAで6年間も生き残ることができたのだと思っています。常に全力を尽くす人間の存在は、バスケに限らずどんなスポーツでも、どんな社会でもマイナスになることはないのではないでしょうか。

特にオフの日などに一緒に練習していた選手たちは、僕のキャラクターを理解してくれていたと思います。あまり練習しない選手とは試合やチーム練習以外で顔を合わせる機会は少なかったのですが、オフの日にも会う選手とは「一生懸命やっているんだな」と互いを認め合う空気感がありました。

グリズリーズに同期入団したＪＪＪ（ジャレン・ジャクソン・ジュニア）も僕にとってはそういう存在です。彼とはルーキーの時から一緒にハードワークをしながら互いを高め合ってきました。そんな彼がチームの主力になって、ワールドカップでアメリカ代表に選出されるようなすごい選手になったことは僕にとっても誇りです。彼も僕のことを気にかけてくれて、今でも時々連絡を取り合っています。

そういう人たちとの関係は簡単には切れないだろうし、僕にとってはアメリカで培った、大切な大切な財産になっています。

ほかにも本当にたくさんの人が声をかけてくれました。お世話になっていたコーチもそうでしたが、後に話すトレード後に、僕がある理由で試合に出られなくなってしばらくすると、サンズのオーナーでもあるマット・イシュビアに至っては、わざわざ僕に連絡をくれて「大丈夫か？」と心配してくれたのです。これには正直驚きましたが、素直にうれしかったです。

考えすぎて空回りをしたり、孤独を感じたりしたこともあったけれど、そこには間違いなく多くの支えがありました。

トレード

2024年に入ると、僕の出場機会はさらに減っていきました。

そんな中、2月6日にあったホームでのミルウォーキー・バックス戦。終盤の残り15秒という場面で出場するように声がかかりました。

この起用に僕は違和感を覚えました。

NBAではルーキーにプレータイムを与えるためにそういう使い方をすることはあっても、僕みたいな6年目の選手がそういう起用をされることはまずないからです。だから、龍水には「僕をチームから放出するつもりだから、最後に『温情』でホームの試合に出してくれたんじゃないか」と話していたんです。

あの時は冗談半分でしたが、振り返ってみると、すでにトレード要員になる方針が決まっていたんだと思います。

2日後、僕は3チーム間のトレードという形で、再びグリズリーズに戻ることになりました。

実は、トレードに関して事前連絡は一切なく、決定した事実を告げられたのはたった1本の電話でした。予感はあったけれど、この電話を切ってから様々な感情が交錯しました。


サンズでずっとやりたかった、という悔しい感情。

ここから出られるんだ、という安堵の感情。

苦しい思い出のあるグリズリーズでまたやらなければいけないのか、という不安な感情。

知っているチームでよかった、という嬉しい感情。

どれが自分の本当の感情だったのかは今でもよく分かりません。その全部が自分の感情であることは間違いないけれど、僕の心の中はぐちゃぐちゃでした。

でも振り返ると、「知っているチームでよかった」という感情が結構大きかったかもしれません。全然知らないチームでまたゼロから這い上がらないといけない状況になっていたら、自分がどうなっていたか――。

救いはグリズリーズのチームメートたちからの連絡でした。前に紹介したJJJや、一緒に2ウェイ契約の立場で戦っていたジョン・コンチャー、さらには、ゼネラルマネージャーのザック・クレイマンなどがすぐに連絡をくれたのです。これには「グリズリーズでよかった」と思えたし、心が少し軽くなったような気がしました。

冷静に状況を見てみると、当時のグリズリーズはケガ人が多く、プレーオフ進出も難しい状況。だから「出場のチャンスがあるかもしれない」とポジティブに考えることができました。最初にトレードの話を聞いた瞬間はネガティブな感情が沸いたけれど、少しずつ楽しみの方が大きくなっていったというのが僕の心の変遷だったように思います。

そういう心境の変化があったからか、日本で支えてくれているマネジメントからは「フェニックスにいた期間で『メンフィス、バックです！』と言ったあの時が一番、雄太の声が張っていたよ」と言われたくらいです。

トレードのタイミングには、パリオリンピックのことも少し頭の中にありました。正直、サンズはプレーオフでどこまで勝ち進むか分からない状況で、もしファイナルまで進んだ場合には、「オリンピックまでの調整期間がかなり短くなるな」と懸念していたんです。もちろん、優勝を目指してサンズに行ったわけだし、そうなることが一番よかったのですが、あの時点でプレーオフに行ける可能性が低いグリズリーズに移籍したことで、シーズンの終わりが見えやすくなりました。オリンピックに向けて時間をきちんと取って調整できると思えるようになったことも、トレードのプラス材料として受け止めることができました。

気遣ってくれたヘッドコーチ

トレードを告げられたその日、本当はすぐにメンフィスに飛んでチームと合流し、試合のあるシャーロットに行かなければなりませんでした。しかし、その時はすでにメンフィスに行くための便が終わっていたので、翌日に直接シャーロット入りすることになりました。

わずか1泊の猶予かもしれませんが、この時間のおかげでようやく僕の心に余裕ができました。そして、アリゾナを気に入っていた妻にも事情をきちんと話しました。

これまでにもＮＢＡのすごさや大胆さ、そして怖さを目の当たりにしてきましたが、6年目にして自分自身に降りかかったこのトレードは、改めてＮＢＡの怖さというものを痛感した出来事になりました。その夜は確か、サンズのヴォーゲルコーチとも電話で話しました。彼は温かい人物で、自分の身の上話をしながら、僕のことを案じてくれました。

彼はサンズの前にロサンゼルス・レイカーズでヘッドコーチを務め、1年目にリーグ制覇に導いたことがあるほどの手腕の持ち主ですが、そんな功労者の彼でも２０２２年にプレーオフ進出を逃した時に解雇されたのです。当時を振り返って彼はこう言いました。「レイカーズのヘッドコーチの時、解雇されたっていうことを、実はツイッター(現X)で見て知ったんだよ」と。

選手のトレードは相手チームとの関係があるので、本人になかなか説明できないことはまだ理解できます。でもコーチを解雇するのはチーム内の事情だから誰よりも先に本人に言えるはずです。彼は「なぜそれが先にニュースになるんだろうね」と笑い話にしながら、「ＮＢＡってこういう世界なんだよね」としみじみ語っていました。そして最後に「本当に雄太と一緒にやれてすごく楽しかったよ」と言ってくれたんです。その言葉に僕の心はずいぶん救われたような気がします。

ＮＢＡの６シーズン、自分の中でブレなかったことがあります。それはコーチに対する感情の持ち方です。僕はコーチに求められることをやり切ることが選手の仕事だと思っています。だから、試合で使ってくれるから好き、使ってくれないから嫌いという感情をいずれのコーチにも持ったことがありません。

試合に出られない理由は常に自分にある。そういう風に自分の心を持っていくよう意識していました。だから結果的に僕をローテーションから外したヴォーゲルヘッドコーチの言葉も素直に受け止めることができたし、僕のことを気遣ってくれた彼には本当に感謝しています。

突然のトレードだったのにそばにいてくれた妻や、ヘッドコーチの温かさを感じた「１泊の猶予」の時間を経て、僕はシャーロットに移動し、久々にグリズリーズのユニホームに袖を通しました。

常に全力を尽くす人間の存在は、
どんなスポーツでも、どんな社会でも
マイナスになることはない。

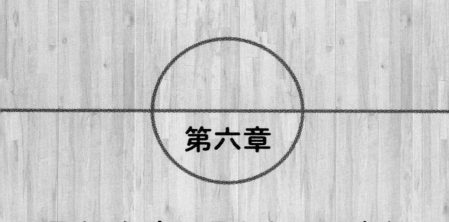

第六章

尽くした先に見えた心の在処

2024年　メンフィス・グリズリーズ

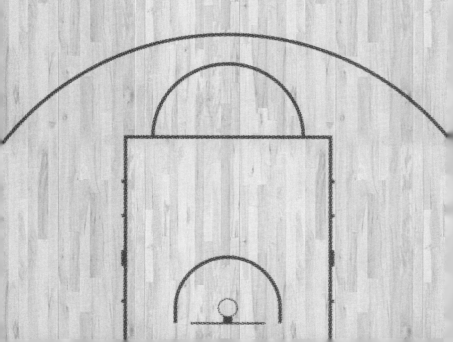

古巣のメンフィス・グリズリーズは、NBAで最初の2年間を過ごした思い出深いチーム。顔なじみの選手やコーチが「ウェルカムバック！」と声をかけてくれました。

チームに合流後、僕はテイラー・ジェンキンスヘッドコーチに呼ばれて、「初日は試合に出さない。だけど、ベンチから見てチームのシステムを勉強して、早くチームになじむようにしてほしい」と言われました。

チームのフォーメーションや戦術はこれまでのフェニックス・サンズとは当然違うので、覚えなければいけないことは山積みです。コーチからは「次の試合から出るよ」と言われていたので、僕は集中して試合を見ながら、自分が出た時のイメージを膨らませていました。

手応えを感じた復帰戦

ホームでのニューオーリンズ・ペリカンズ戦を前に、僕は気合十分でした。バスケを始めて最初の試合くらいの緊張感、そして「これから新しい勝負が始まるんだ」という高揚感がありました。

そして迎えたペリカンズ戦当日。前半は気合が空回りしすぎて無得点。正直、「やばいな」

と焦りました。でも、大差をつけられた第3クォーターの終盤に再び出番が巡ってくると、前半の無得点を巻き返すために集中しました。この時はアシストやシュートも決め、ディフェンスでも足が動いていたと思います。僕は約25分の出場で11得点、2リバウンド、1アシスト、2スティールを記録して、「逆転できるかもしれない」「勝てるぞ」と思えるところまで持っていくことができました。

試合が終わった後、「バスケってこんなに楽しいんだ」「試合に出るのってこんなに楽しいんだ」としみじみ感じました。

レギュラーシーズンのたかが1試合。プレーオフや優勝が懸かっていたわけでもありません。試合にも負け、自分の中では100点満点の出来ではなかったけれど、その夜は興奮してなかなか眠れなかったのを覚えています。何より、2日後の試合が楽しみで仕方がありませんでした。

次の日、練習に行くと、「昨日はよかったよ」と周りのみんなが言ってくれました。

その次の日、試合が近づくにつれて自然とアドレナリンが出まくりました。

「今度は前半から活躍して、自分の流れをつかむんだ！」

そう意気込んで、僕は試合当日を迎えました。

止まらない涙

チームミーティングが始まる5分くらい前、僕1人がコーチに呼ばれました。

普通はあまりそういうことがないので、「なんだろう?」と思っていた僕に、コーチが告げた言葉は思いもよらないものでした。

「雄太はこの試合に出ないよ」

その言葉に僕はショックを隠せず、頭が真っ白に——。

試合に出られないことなんて、今までのNBAのキャリアでは珍しいことではありません。だから、そんなに落ち込むことではないはずなのに、あの時はそのひと言が、自分の中ではこめかみに痛烈なパンチを食らったような、そんな感覚でした。

ペリカンズ戦で明確な手応えがあった僕は「自分のプレーでこのチームに貢献できる」、そして何より、「バスケが楽しい」「早く試合がしたい」という高揚感に満ち溢れていました。

それなのに「今日は試合に出ない」と言われてしまったのです。冷静に考えると、チーム事情をふまえた措置だから、コーチの言ったことが理解できたはずです。でも、あの時の僕はそこまで頭が回りませんでした。

僕は、自分が出場しなかった試合の後は、必ずアリーナに残ってトレーニングをしてから帰るようにしていました。でも、あの日はそれをやりませんでした。こんなことはＮＢＡプレーヤーになってから初めてだったと思います。それほど「出ないよ」のひと言が僕の心にダメージを与えたのです。

とにかく一刻も早く、１人になりたかった――。

ホテルに戻り、部屋のベッドに腰をかけてフーッとひと息ついた瞬間、ブワーッと涙が溢れてきました。感情がおかしくなって、自分でもコントロールすることができなくなっていました。

どれくらい泣いたのか、時間は覚えていません。ただただ嗚咽を繰り返して、体中の水分が全部、外に出ていってしまうんじゃないかと思うくらい長い時間泣き続けました。その間は何も考えていなくて、僕の頭の中は「無」でした。

泣き疲れるほど泣きに泣いて涙が尽きると、心の中が透明になっていくような感覚がありました。

そして、ずっとぼんやりと思っていたことが、はっきりと脳裏に浮かんだのです。

「もう、ＮＢＡに拘ることはない――」
「次は、日本で新たな挑戦がしたい――」

アメリカはここで終わり、と自分の中で気持ちが固まったのです。
「日本で、これからまた楽しみながらバスケと向き合うんだ」
そう思うと、僕の中に前向きな気持ちが少しずつ戻ってきました。

子どもの頃から夢見ていたＮＢＡ。そこにこだわり続けないといけない、という先入観がこれまではありました。でも世界中を見渡すと、ＮＢＡ以外にもたくさん魅力的なリーグはあります。ましてや、自分の故郷の日本には着実に成長して盛り上がりを見せているＢリーグがある。改めてよく考えてみると、ＮＢＡでなければいけない理由なんて、どこにもなかったんです。

運命と言ったら大げさかもしれませんが、僕は自分の人生において転機が訪れた時などにはいつも「誰かから『こうやれよ』と言われているんだろうな」と考えるようにしています。だから、ワールドカップから現在に至る流れも必然だったように思います。

大切な人たちへの報告

日本で新たな挑戦をするという決断を最初に伝えたのは楠元龍水《くすもとりゅうすい》でした。1年目から、彼には嫌なこともうれしかったことも、毎日のように話していました。だから、今回も僕の気持ちをすぐに汲んでくれ、決断を受け入れてくれました。

恩師の色摩《しかま》拓也先生には、龍水と3人で電話をつないで報告しました。まず僕から、「NBAはこのシーズンで最後にします」と本題を伝えた上で、「4月の試合、時間があればぜひ見に来てほしいです」とお願いしました。真剣にそうお願いしたのは、これが初めてでした。

色摩先生は学校や部活の指導が忙しいことに加え、飛行機が苦手ということもあったので、それまではなかなかプレーを見せられる機会がありませんでした。それでも、NBA選手としての最後の姿をその目で見てほしいという強い思いがありました。僕1人だったら真面目すぎる感じになってしまったかもしれないけれど、龍水が「今年は渡邊の試合を見に行かなきゃダメですよ～」と軽い感じで言って、場を和ませながら僕の思いを後押ししてくれました。

色摩先生は安易に「頑張った」ということは言いません。それは、その言葉だけで終わらせることができない6シーズンを過ごしてきたことを、きっと理解してくれているからだと思います。淡々と短い言葉での電話になりましたが、色摩先生は僕の決断に対して「本当によくやったと思う」とねぎらってくれました。

数日後、色摩先生から「4月は行けない」という連絡がありました。その時、「俺がお前のことを常に気にかけているのは、お前がNBA選手だからというわけではない。1人の人間として尊敬できるところがあるからなんだ。だからお前がNBAという世界にいるかいないかは、俺にはあまり関係がないんだ」ということを伝えてくれました。

僕が渡米してからもいいところはいいと褒めてくれるし、ダメなところがあれば「○○はこうした方がいいんじゃないか」と指摘をしてくれました。そういう先生だから、僕がどういう世界にいても、教え子であることは変わらないというスタンスを貫いてくれたんだと思います。どんな時も同じ態度で接してくれる色摩先生は、僕にとってものすごく大きい存在なんだと改めて実感しました。

母の涙

自分の決断は、メンフィスを訪ねてくれた両親にも伝えました。

父はすっと受け入れてくれて、「それはうれしい。俺も来年から雄太は日本だと思っていたよ」と言っていましたが、母は「えっ、なんで?」と、とても驚いた様子でした。

それもそのはずです。自分の手でつかみ取ったＮＢＡでの契約は「プレーヤーオプション」という形でもう1年残っていたわけですから――。

僕は、改めて自分の気持ちの移り変わりを説明しました。

「そういうわけで、僕の中では区切りがついたんだ。だから日本に帰ろうと思う」

そう話した時、ようやく母も「そういうことだったんだ」と納得したみたいでした。

でも母は、僕と別れた後に「雄太の苦しさを何も気づいてあげられていなかった――」と1人で泣いていたそうです。

僕は自分がアメリカで苦しんでいることをできるだけ両親に知られたくありませんでした。父と以前、「人に苦労を見せるもんじゃない」という話をしたこともあって、特に母には心配をかけたくなかったような気がします。

普段、母とはいろいろな連絡を取り合っていましたが、試合に出られないことが続いた時、たとえどんなにつらいことがあった時でも、「ＮＢＡでの日々は充実しているよ」と伝えてきました。母はそれに安心して「雄太が元気そうでよかった」と言っていつも電話を切っていました。

それなのに、僕が長い間、メンタル的に苦しんでいたことを知ってしまったわけです。「雄太が何も言ってこないということは元気でやっている証拠」「何か困ったことがあったら、きっと言ってくるはず」という感覚があった母からすると、その認識のギャップが衝撃的だったんだと思います。

母は家族愛がすごく強くて、もし僕が苦しんでいることを知ったら、何を差し置いてでもアメリカにすっ飛んでくるようなタイプの人間です。

後で詳しく説明しますが、NBA最後の2カ月は試合に出られず、ベンチにも入らなくなりました。それでもNBAプレーヤー「Yuta Watanabe」の最後の姿を見届けるために、再びメンフィスに飛んできてくれたのです。

きっと僕が弱音を言わなかったのは、母に元気でいてほしかったという思いが強かったからだと思います。もし僕が苦しんでいることを早くから母に話していたら、「私は何もしてあげられない」と責任を感じていたのではないでしょうか。

僕も今、家庭を持ったのでよく分かるのですが、妻が幸せそうにしている時って家庭がすごく明るくなるんです。彼女が笑っているだけで、家の中が華やかになります。

渡邊家も同じで、父からは「お母さんが今日は元気がないから、家が静かで困ります」というメッセージが届くことがありました。

僕より、父より、姉よりも——。母が笑っている時が一番、渡邊家が光っているような気がするんです。だから、僕は母にはいつも笑っていてほしくて、自分につらい出来事があっても、なかなか言えなかったんだと思います。


いつも近くで支えてくれる人たちに自分の決断を報告して、気持ちがスッキリした僕は、NBAはこのシーズン限りと決めて、残りの20数試合を楽しもうと思っていました。

しかし、現実は自分の理想通りにはなりませんでした——。

貫きたかったポリシー

日本でプレーすることを決めた時、来シーズンに残したプレーヤーオプションの契約をどうするかまではきちんと考えていませんでした。

アメリカは契約社会です。手にした権利は堂々と行使するべきだし、4億円ほどの給料が保証されていたのだから、それをわざわざドブに捨てる必要はないというのが一般的な考え方でした。

しかし、僕の考え方は少し違いました。報酬というものは、自分がやったことに対する対価としてもらうものだと思っていたので、「来シーズンの給料は、自分がちゃんとやることをやってからもらうのが筋」という考えだったんです。

でも、エージェントからは「いや、その考え方は違う。昨シーズン、雄太はブルックリン・ネッツで活躍した。その対価として得た2年契約なんだから、来シーズンの対価うんぬんは考える必要がない」と諭されました。

言いたいことは分かります。けれど、僕の中ではどうしても腑に落ちなかったんです。

これまで、チームとの交渉に関してはエージェントに完全に任せていましたが、今回は僕の考えをきちんと伝えました。「次の契約を破棄するのは確かにもったいない。だけど、プレーをしないのにそれだけのお金をもらうのは心苦しいです」と。

もちろん、4億円をわざわざ捨てる人なんて、そんなにいないだろうなとも思っていました。でも、「決して契約できなかったからNBAを去るわけではない」、そう自分に言い聞かせたかったし、もし、プレーをせずに給料をもらうことを受け入れてしまったら、**僕の生き方のポリシー**に反してしまいます。アメリカでここまで頑張ってきたのだから、**「最後まで自分らしく**

いたい」と強く思っていました。

「雄太らしいね」

これは、あの頃に周りからよく言われた言葉です。

公表への経緯

もう一つ、決めなければいけないことがありました。

NBAで来季はプレーしないという自分の決断をいつ、どうやって公表するか、ということです。

日本でプレーすることを決断した2月、いつも応援してくださるファンの皆さんに対しては、早めに「来シーズンからは日本でプレーします」と言ってしまった方がいいのではないかと真剣に考えていました。

自分の決断を早く公にした方が、僕自身もスッキリできるような気がしていました。それに、シーズンが終わってから「来季からは日本で」と宣言してしまったら、もし来季の応援を計画してくれている人たちがいたら申し訳ないなという思いもありました。

だから、「4月まで残り2カ月、期間は短いけれど、最後まで一生懸命NBA選手として戦い抜きます」と伝えようかなと考えていました。

でも、第三者からの意見を聞くと、「それは雄太らしくないよ」という声が多かったんです。「最後まで一生懸命やり切って、すべてが終わったあとにちゃんとした場所を設けて伝える方が、筋が通っている」と言われて、僕自身もその意見に納得することができました。

結果的には早く言わなくてよかったと思っています。なぜなら、直後にメンタルの状態を崩してしまって、試合に出られなくなってしまったからです。

僕は「超」が付くほど真面目で、人一倍頑固な所がありますが、あの時はちゃんと周りの意見を聞いてよかったなと思っています。

メンタル不調

日本でプレーすると決断してから、僕はNBAでの残り20数試合を「とにかく楽しもう」と心に決めていました。

それまでNBAで楽しんでバスケをできたことが少なかったので、「今までのことは全部捨てよう。活躍しても、出られなくても、関係ない。1分1秒を楽しんで終わろう」と言い聞かせていました。

ホームでのミルウォーキー・バックス戦。僕は出場機会をもらうことができました。

しかし、ウォーミングアップの時に体に異変が起こりました。

コートに立った瞬間、全身におもりがついたような感じで、体の筋肉がすべて硬直してしまい、思うように動かせなくなったんです。

僕はその時まで「NBAで生き残るんだ」と自分に呪文のような暗示をかけて、ギリギリのところで生き抜いてきました。その暗示は僕の体と心を支える「抑止力」にもなっていたと思います。

それが、涙が枯れるまで泣いた日を境にその暗示が解けてしまったのです。僕は無意識のうちに「もういい。そこまで自分を追い込まなくていいよ」と心の緊張をほどいていました。今までのストレスや疲労が一気に表に出て、体の異変につながってしまったのだと思います。

試合にはそのまま出場させてもらいましたが、プレーできないことはなかったんです。体に力が入らなくなっていましたが、プレーできないことはなかったんです。

症状が出たのがオールスターブレーク直前の試合だったので、「この期間に少し休めば大丈夫かな」と最初は思っていました

でも、その期待通りにはいきませんでした——。

その後も、練習では問題なく動けているのに、試合でコートに立つと、体が言うことをきかなくなってしまうのです。まるで自分の体じゃないみたいでした。

「このままだとバスケができなくなる——」

そう思いました。

それまでの僕は周りにあまり弱みを見せることはなく、ネガティブなことを伝えるのは龍水くらいでした。精神的な弱さをさらけ出すことは自分の立場を不利にすると思っていた僕は、自分がこういう状態だということを誰にも言いたくなくて、自分の中の問題だけで終わらせようとしていました。でも**バスケができなくなることだけは、絶対に避けたかった**んです。

あまりの危機感の強さに、僕はコーチやゼネラルマネージャーに相談することにしました。

「メンタルがよくない状態になっていて、体に症状が出ている」

そう素直に打ち明けました。

チームは「休みを取ろう。雄太に必要な時間を取ろう」と言ってサポートを約束してくれま

した。その時は手首を痛めていたので、まずはそれを治しながら経過を見ることになりました。1週間ほどで手首は治りましたが、たかが1週間でメンタルがよくなることはなく、そこからは「個人的な理由」で休むことになりました。

心の不調を訴えた自分を受け入れて、手厚くサポートしてくれたグリズリーズに対しては感謝しかありません。直接的な引き金はコーチの「試合に出ないよ」というひと言でしたが、試合に出さないという判断をしたコーチが悪かったわけではないんです。あれはあくまでもきっかけにすぎず、僕の限界はもっともっと前にあったんだと思います。長い時間をかけて溜まってきたものが、あの瞬間に破裂してしまっただけなのです。

トロント・ラプターズでのプレシーズンの時も、体が硬直してしまう「イップス」の症状になってしまいました。あの時は、まだまだこれからという時期だったし、「無理やりにでもやらなければいけない」という気持ちが強かったように思います。ぶん投げた感覚だったスリーポイントシュートが入ってくれたおかげで症状は改善しましたが、今回はそんな風には治りませんでした。

不思議なもので、日本でプレーするという決断をしてからの日々の中で、僕がアメリカで生活をしてきた11年間で初めてホームシックになりました。それまでは、家族や友達に会いたいと思ったことはありましたが、ホームシックにかかったことは一度もなかったのに——。
「早く日本に帰りたい」「この場所から出て行きたい」
そんなことをよく考えていました。

意外なところにある「感謝」

試合に出られない期間も、トレーニングは欠かさずにやっていました。練習をしないことは、僕にとって何よりも恐怖だからです。オフに1週間くらい休むことはありますが、基本的には体を動かし続けています。メンタルの不調はありましたが、あの頃は幸いなことに、練習では体も問題なく動いてくれていました。

体作りを担当してくれるストレングスコーチのエリックは遠征先でよく一緒に日本食を食べに行く友人でもありました。彼はすごく親身になってくれて、最高の体でパリオリンピックを迎えられるように、トレーニングメニューを考えてくれました。エリックだけでなく、メンフィスでの最後の2カ月は本当にいろんな人たちに助けてもらったと思います。

チームは3月から敵地での試合が多くなりましたが、僕はそれに帯同しませんでした。その代わりに、下部Gリーグのハッスルのコーチに手伝ってもらいながら午前中に練習をして、午後はオンラインでメンタルケアの先生のセッションを受けていました。ジョージ・ワシントン大学の時にカウンセリングを受けたことが1回ありましたが、継続的に受けたのは今回が初めてです。

先生は最初、生い立ちに関する質問をしてきました。僕がどこでどういう風に育ったのか。家族はどういう構成で、どんな風に幼少期を過ごしていたのか。僕という人間を掘り下げ、お互いのことを知るところから始まりました。それから、どういう経緯で体が思い通りに動かなくなったのかを自分の言える範囲で説明しました。

先生からは、ある宿題が出されました。それは「その日、感謝したことを3つ、ノートに書き出す」こと。同じ内容を繰り返し書いてはいけないというルールだったので、「ご飯がおいしかった」や「練習でシュートがよく入った」「筋トレの数値が上がった」というような、よくあるポジティブな出来事はすぐに底をついてしまいました。

だから、「今日の空は青くて、美しかった」なんてことや、「雲の形が面白かった」「風が気持ちよかった」と、目に焼きついた風景や、自然と感じたことについて書くこともありました。

途中で「ご飯のメニューの○○の味つけがおいしかった」と、「○○」の部分だけを変えて、少しズルをして書いてしまったこともありましたが、ノートは1カ月くらい続けて、全部で90

個ほどの「感謝」を書き溜めました。

この時、「自分が変わらなきゃ」とは思っていませんでした。でもホームシックになったり、落ち込みそうな方向に引っ張られたりする感情を、少しでもポジティブな方向に変えていきたかったんです。毎日、コツコツと書いた感謝の言葉。少し経ってから読み返すと、「日頃から感謝できることって、身近にこんなにたくさんあるんだな」と感じることができました。

そんな日々を積み重ねて、少しずつ上を向くことができるようになっていましたが、まだ自分の中でスッキリしきれない部分は残っていました。

GUILTY

ある日、興味深いセッションを受けました。

大きな円グラフの中に大きな言葉が6つあって、まずそこから一つの言葉を選びます。その選んだ言葉がさらに分かれていて、そこからまた一つ、選びます。またさらに分かれていて、そこから一つを選ぶ。すると、最終的に一番小さい言葉にたどり着くんです。

僕がたどり着いた言葉が「ＧＵＩＬＴＹ（ギルティ）」だった時、「ああ、自分っぽいな」と感じました。

実は、こんなことを考えていたんです。

僕はチームの試合にまったく出場できない。遠征にも帯同していない。それなのに、チームから給料が発生している——。

あの時期、晩ご飯を食べている時にスマホでチームのスコアをチェックしていると、「僕がご飯を食べている時にみんなは必死に試合をしているんだな」と、自責の念に駆られました。そんな一つ一つに、僕はすごく「罪の意識」を感じていたのです。

「GUILTY」の言葉が出た後、先生といくつかのやりとりをしました。例えば、「試合を休んでいるのには理由がありますか?」と聞かれたので、僕は「理由はあります」と答えました。僕が遠征に帯同しないことにも、給料が発生していることにも、きちんと理由がありました。そもそも、ケガなどをして試合に出られない選手はほかにも大勢いるわけです。

先生とやりとりをする中で、僕が感じている「GUILTY」は、自分が作り出しているイマジネーション(空想)に過ぎないということに気づくことができました。

僕はチームの期待に応えることはできなかったかもしれないけど、自分の行動で誰かを傷つけていたわけではありません。なのに、「架空の周りの目」を意識して、気にしなくてもいいことまで気にしていたんです。

そういうことに思いが至ると、自分の中にあった違和感がみるみるうちに消えていきました。先生が僕の心の中にあるわだかまりを見つけ出して、それを消し去ることができるように導いてくれたのです。

それまでの僕は、精神的にダメになっている時は、悪い方向にばかり頭が向いていました。けれど、メンタルケアのセッションを受けて、自分の考え方は変わったと思います。周りにはいくらでもポジティブになれる材料が転がっていたのです。**忘れがちだった当たり前の幸せに**気づけたことで、割と前向きな方向に意識を向けられるようになった気がします。

振り返れば、この夏にパリオリンピックが控えていたことが僕の心の支えにもなっていました。もし、オリンピックという大きな目標がなかったら、バスケを完全にストップさせていたかもしれません。

オリンピックにはちゃんとした心身の状態で出たいと思っていたので、苦しい中でもセッションを受けながら地道なトレーニングに取り組んでいました。

メンフィスにいる間はずっと続けていたメンタルケアのセッションのおかげもあって、精神面は復活したのですが、結局万全という状態でオリンピックを迎えることはできませんでした。

このことは後ほど書きたいと思います。

思えば、僕はいつだって自分に矢印を向けて生きてきました。

それはたぶん、色摩先生がよく「ベクトル」という言葉を使っていたからだと思います。高校時代にはよく**「自分にちゃんとベクトルを向けられているか?」**と問いただされました。その言葉があったからこそ自分の行動に責任を持つことが当たり前になり、アメリカに行ってからは、さらに自省することの必要性を感じるようになっていきました。

龍水とは「悪いことを全部人のせいにして、いいことだけは自分の手柄にできるような、そういう人間だったら人生がもっと楽なのにな」という話をすることがあります。でも、そういう生き方は僕にはできないし、むしろ、やりたくなんかありません。その分思い悩んで、必要以上に自分を傷つけてしまうことがあったとしても——。

でも結局、こういう自分が「渡邊雄太」なんです。

ぐるぐる回りながらも、そんな答えにたどり着いたことで、ぐちゃぐちゃだった自分の心が整理されていったような気がします。

後悔は1ミリもない

僕は「20代のうちはNBAから逃げない。アメリカで挑戦し続ける」と自分の中で決めていました。**その揺るぎない心があったからこそ、これまで6シーズンにわたって世界最高峰の舞台で戦い抜くことができました。**

メンフィスでの最後は少し不完全燃焼になってしまいましたが、自分の夢に向かって最後まで突っ走ることができたと胸を張って言えます。後悔は1ミリもありません。

日本でプレーするという決断は、インスタグラムのライブ機能を使ってファンの皆さんに自分の口で報告しました。僕の挑戦を支えてくれた方には、自分の身に起こったことをきちんと説明したいと思ったからです。帰国後には記者会見が予定されていたので、周りからは「SNSで説明する必要はないのでは」と言われていましたが、メディアを通じてではなく、自分の口で直接伝え、できるだけ多くの方に僕の気持ちを届けようとしました。

グリズリーズの幹部とのミーティングでは、「プレーヤーオプションを保持しているから、パリオリンピックの後に戻ってきてほしい」「雄太が戦力としてやれるのは分かっているから」というありがたい言葉をいただきました。それらの言葉は本当にうれしかったし、光栄でした。

ただ、僕の気持ちが変わることはありませんでした。

それよりも、高校を卒業してから11年間、ずっとアメリカで生活してきた僕に、これから日本でどういう暮らしが待っているんだろうと想像すると、楽しみでなりませんでした。

アメリカ最後の夜

アメリカ最後の夜は、フェニックスで過ごしました。

フェニックス・サンズからグリズリーズへの移籍は突然の出来事だったので、残したままになっていた荷物を帰国前に片づけるために、少し前まで過ごしていたフェニックスの自宅に立ち寄っていたのです。

「最後の晩餐」は、僕がどうしても行きたかったレストラン。

そのレストランは自宅の近くにあって、オールスターブレークで荷物整理に帰ってきた時に1度だけ行ったことがありました。とてもおいしかったので、その後もずっと行きたいなと思っていたのですが、なかなか行く機会がなかったので、「最後の日はそのレストランに行こう」と自分の中で決めていました。

入口のそばから海鮮類などの具材がガラス張りのケースの中にずらりと並んでいて、見るからにおいしそうな雰囲気が漂っていました。妻と母、そして食事などの面でアメリカ生活をずっと支えてくれていた貝塚さんの4人でステーキやロブスターなどお店のメイン料理をたっぷり頼んで舌鼓を打ちました。結構値は張ったけれど、おいしい料理をみんなで食べて、みんなで楽しく笑って、とてもいいディナーになりました。

アメリカを離れる寂しさは正直、ほとんどありませんでした。いつだって帰ってくることはできるし、今後も夏のオフ期間はいつものようにロサンゼルスでトレーニングをすると思ったからです。

ただ、自分が住んだ家を離れる時はいつもしんみりした気持ちになりました。今までいろいろな場所で暮らしてきましたが、特にスコッツデールの家はとても気に入っていたので、「この部屋には二度と帰って来られないんだ」と思うと、寂しさがこみ上げてきたことがありました。僕はなぜか、すぐ部屋そのものに愛着が湧いてしまうんです。だから、メンフィスを去る時も最後に部屋の掃除をしていると、「この部屋ともお別れか――」と切なくなりました。

ここで、一緒に「最後の晩餐」をした貝塚さんという1人の男性のことを少し紹介しておきたいと思います。本人は裏方さんなのであまり書いてほしくないかもしれないけれど、彼の存在は、僕にとっては本当に大きかったんです。練習や食事面のサポートだけでなく、自ら進んで様々なことをやってくれました。

僕はアメリカでうどんを毎日のように食べていたのですが、そのうどんはいつも貝塚さんが作ってくれていました。彼はこだわりのある人で、スーパーに行くと冷凍うどんのコーナーでどれを買おうかと30分くらい悩んでいることもありました。一体、何に悩んでいるのか、僕には分かりませんでしたが（笑）。

貝塚さんは、僕がメンタル不調に陥った時、すぐにメンフィスまで駆けつけてくれました。しょうもない話題で盛り上がって、家でラーメンを作ったこともありました。麺は市販品を使ったけれど、スープは鶏ガラを煮込むところからチャレンジしました。ラーメン作りは本当に楽しかったし、とてもおいしかったので、ちょっとした「思い出の味」になりました。

NBAではつらいこともたくさんありましたが、こうやって身近に支えてくれる人がいてくれたおかげで、僕はアメリカで夢に向かって走り続けることができました。貝塚さんだけではありません。本当に多くの方が、僕のような頑固な男をもり立ててくれました。


僕は、決して1人ではなかった——。

皆さんに心から感謝したいと思います。

JAPAN

毎日、コツコツと書いた感謝の言葉。
日頃から感謝できることって、
身近にたくさんあるんです——

互いに苦言を呈し合える関係

楠元龍水（宮崎・延岡学園高校バスケ部監督）

雄太と最初に会ったのは香川・尽誠学園高校の新入生説明会でした。たまたま隣に座った雄太に、鹿児島から参加した僕は話しかけてみました。すると雄太は普通に返してくれました。中学時代、決して全国的に有名な選手ではなかった彼との初対面は「壁を作らない、ただただいいヤツだな」という印象でした。

高校3年間は寮生活で毎日、接点がありました。朝練ではシュートパートナーでした。最初からお互いの相性が合っていたのか、彼といるとなぜか居心地がよかったです。

雄太は高校2年の時、日本代表に選ばれ一躍脚光を浴びました。副キャプテンになった僕は3年の時から試合にも出られるようになったのですが、代表選手になった雄太と一緒にプレーするプレッシャーを感じていました。正直、僕が彼と張り合うことができたのは長距離走とシャトルランくらい。選手としては比べものにならないくらいの力の差がありました。

圧倒的な実力を発揮し始めた雄太でしたが、僕は一つ大切にしていたことがあります。それは、雄太に対して誰も意見を言えないような状態を作らないということです。だからこそ、僕は雄太に厳しいことも含めて自分の思ったことは口に出すよう心がけていました。そんな僕の意見を、雄太は真正面から受け止めて聞いてくれました。もちろん渡邊家の教育や色摩拓也先生の指導が素晴らしかったからだと思いますが、どんな立場になっても、謙虚にアンテナを張ることができる心を持った雄太は人間として本当にすごいと思いました。振り返ると、高校3年の時に、本音で向き合える関係性ができたのだと思います。

雄太が渡米してからは定期的に連絡を取り合ってきました。2020年5月には練習や試合後に電話した時に彼から出た言葉を記録して、心の変化を可視化できるよう僕はメモに残し始めました。いわば雄太の「メンタルノート」です。

アメリカと日本では時差があって、僕も授業や練習の指導があるのでリアルタイムで試合を見られないこともありましたが、できる限り会話をして記録するように心がけました。

周りからは「よくやるね」「いつも電話しているね」と言われることがあります。でも、僕は彼のためと思えば何でもできるし、大変だと感じたことはありません。雄太が失敗すれば自分のことのように一緒にへこむし、いいことがあれば心の底から一緒に喜ぶ。きっと雄太のご家族の次に、僕が彼のファンだと勝手に思っています。

彼のNBAでの6年間を振り返ると、一番苦しそうだったのはメンフィス・グリズリーズでの2年目、コロナ禍でバブル環境下になった時だったと思います。

ただでさえ、隔離された環境で心の持ち方が難しかったのに、この時期はコーチの信頼を得られず、思うように試合で起用してもらえていませんでした。練習にもなかなか加わることができず、正直なところ、いつ挑戦をあきらめてもおかしくないくらい、メンタルが壊れていたという印象が残っています。

でも、バブルが終わった時、今も様々なチームを渡り歩いている、カイル・アンダーソン（現ゴールデンステイト・ウォリアーズ）という経験豊富な選手が「雄太、ほかの29チームが見てるぞ。絶対にあきらめるな」と声をかけてくれたそうです。雄太の陰の努力を見て、励ましてくれるチームメートがいることを聞いた時、自分のことのようにうれしかったことを覚えています。

僕が彼に意見するように、雄太から僕の現状について苦言を呈されたこともあります。忘れもしません、２０２０年11月のことでした。夜中にＬＩＮＥで「もう書くわ。最近龍水が正直たるんどる感じがする」という言葉から始まる、長文のメッセージが届いたんです。

僕が選手のリクルート活動で遠方に出かけていて、戻ろうと思えば学校の練習に戻れたのに、他のことを優先して練習に戻らなかった時がありました。

その行動に対して、雄太は「色摩先生やったら、そんなことしないやろ。優先順位が違うやろ。経験が少ない指導者は１分でも長く選手に関わるべきやろ！」と叱ってくれました。

雄太の言っていることは１００％、正しかった。背筋が伸びる思いでした。彼は僕に、日本一の指導者になってほしいということも伝えてくれました。僕は二度と、雄太に同じことを言わせてはいけないと思って、あのＬＩＮＥの言葉を脳裏に焼きつけています。

２０２４年、日本に帰ってきた雄太とは今もよく会話しています。バスケに関する会話も変わらず続けています。

千葉ジェッツではＮＢＡにいた時よりも試合に出る時間が増えて、役割も多くなりました。

やりがいを感じているし、モチベーションになっていると思います。

実は帰国後のプレーで、少しだけ気になっている部分があります。もちろん勝負どころでスイッチが入ったらフルパワーでやっていますが、NBAだったら絶対にやっていたリバウンドの前に相手を抑えるボックスアウトの動きなどが、ちょっと雄太らしくないと感じる時があるのです。

どれだけエースとして点を取る役割を求められても、背伸びして恰好をつけるのではなく、「渡邊雄太」らしく基本に忠実で、泥臭いプレーをやり続けてほしいと思っています。僕は、その姿にみんなが感動してファンになってきたのだと思うからこそ、今後も彼に感じたことは率直に伝え続けるつもりです。

雄太ともよく話すことですが、「楽しむ」ために日本に帰ってきたけれど、決して「楽になる」ために帰ってきたわけではありません。

NBAでは限られた役割しかできませんでした。でも日本ならいろいろなことに幅を持って挑戦できる。バスケ選手として、よりよく成長するための挑戦なのです。だから、今までやってきたやり方をブラさず、その土台の上でもっともっと成長してほしいと思っています。

アメリカでやってきた選手はすごい。

それを証明するためにも、その泥くさい部分も含めて、雄太には常に高いレベルでみんなに今後も彼らしいプレーを見せ続けてほしいです。

どんな立場になっても、
謙虚にアンテナを張ることができる心を持った雄太は
人間として本当にすごい。

――――― 楠元龍水

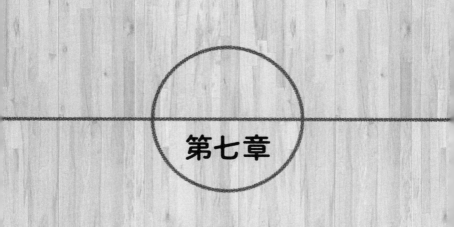

第七章

心の声に素直に向き合う

2024年　パリ、千葉、そして未来へ

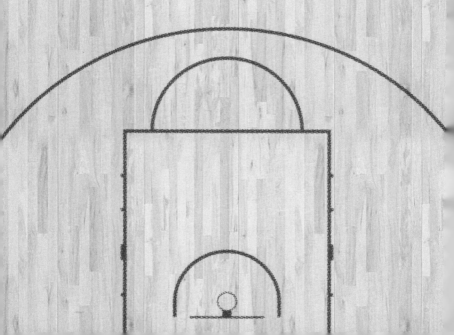

2024年4月。帰国した僕は、自分ができる限りの準備をして、パリオリンピックに備えようと思っていました。

ただ一つ、問題点がありました。次のシーズンから日本に戻ってプレーすることは決めていたけれど、契約上、僕は6月末までメンフィス・グリズリーズの選手だったのです。

NBA選手は「28日ルール」と言われるものがあるため、国際大会での代表活動期間には制限があります。NBAの各チームは大金を払っている選手を代表チームに派遣しているわけなので、ケガのリスクは極力避けたいという思いがあるのです。そのための「28日ルール」であることは重々理解していました。

とは言っても、本当は早くから日本代表合宿に参加して、事前の強化試合にも出て、オリンピックの前に日本のファンの皆さんに自分のプレーを見てほしいと思っていました。

しかし、その思いは残念ながらかないませんでした。僕だけでなく、NBA選手全体を守るためのルールなので、こればかりは仕方がありません。だからその分、自分ができる限りの、最高レベルでの自主トレーニングをしようと決意しました。

NBAの終盤戦はまったく試合に出ていなかったので、まずはバスケの感覚を取り戻そうと、練習のペースを上げました。

マイナスを考えるよりプラスを積み上げる

オリンピックに最高な状態を持っていく。そんな理想とは裏腹に、6月初旬のトレーニング中に左ふくらはぎを肉離れしてしまいました。

アクシデントはそこで終わりません。回復の経過は順調で、6月が終わる頃には痛みもだいぶなくなったので、練習を再開しました。すると、また同じ箇所を負傷してしまったのです。正直なところ、オリンピック本番に間に合うかどうか分からないようなケガでした。

医師からは「ケガがオリンピックまでに完治することはない」と言われました。

さすがにショックでした。

ですが、くよくよしていても仕方がありません。本番までに痛みをどれだけ抑えられるかを意識して、リハビリに全力で取り組みました。

リハビリ中は悲観的になることはなく、逆にその状況を楽しめていました。泳ぐことは問題なかったので、毎日プールに行って、歩くトレーニングをしてからクロールで25メートルを10本。心臓に負荷をかけるためのメニューなので結構キツイのですが、タイムが少しずつ早くなっていくのが楽しくて、それがモチベーションにもなっていました。

日本代表のトレーナーの皆さんはオフの日も関係なく、本当に朝から晩まで僕の体のケアをしてくれました。それぞれが持っている知識や技術をフルに注いで、「○○までにこういう動きができるようにしよう」と段階を踏みながら、ポジティブに向き合ってくれたことは本当にありがたかったです。

トレーナーの皆さんはおそらく、僕よりも焦っていたと思います。言葉にはしませんでしたが、絶対に僕を復帰させなきゃいけないという思いが彼らからひしひしと伝わってきました。トレーナーや裏方の皆さんとは、パリオリンピックが終わってから一度食事に行きました。その時に「正直、間に合わないと思っていたよ」と言われましたが、僕の前ではそんな素振りをまったく見せず明るく振る舞ってくれて、「一歩一歩クリアしていこう」と前向きな雰囲気を絶やさないようにしてくれていました。アスレチックトレーナーの一柳武男さんがプールで一緒に泳いでくれたのも、僕の中ではいい思い出です。

ケガはつらいものですが、こうやって一緒に乗り越えようとしてくれる仲間がいてくれたことは感謝以外の何ものでもありません。

実はこの時、神頼みもしました。

日本代表の練習拠点の近くにある縁切り神社。その神社は江戸時代、男女の悪縁を切りたい時や断酒を願う時、そこにあった木の樹皮を飲むと願いが成就すると言われていたそうです。

現代では「難病との縁切り」という意味などでも使われるそうで、僕は「これ以上ケガをしませんように」と木札に書いて、早期の回復を神様にお願いしました。

とにかく自分にできることはすべてしようと思っていました。**起きてしまったマイナスの事象をなくすことはできません。でも、マイナスのスタートだったとしても、プラスを積み上げていけばいいと僕は信じています。**

NBAでたくさんの苦難と向き合ってきたからこそ、想定外の出来事にも揺らぐことなく、心を落ち着かせて過ごすことができました。

リーダーが発する言葉

7月の代表発表記者会見では「『歴代最強の日本代表』との声が挙がっていることをどう思うか?」と聞かれました。

僕は「そう言ってもらえることはありがたいけれど、歴代最強かどうかは結果が決めることだと思っている」と答えました。

そう答えた理由は、大きく二つあります。

まず、あの段階で何も結果を出していないチームを自分たちが「歴代最強」と認めてしまうのはすごくおかしいと思ったのです。もちろん、バスケ能力が間違いなく日本代表でトップクラスの（八村）塁が入ったらチームは華やかになります。だけど、それだけで単純に歴代最強というのは、僕の中では納得がいきませんでした。

もう一つは、パリオリンピックの切符を手にした、前年のワールドカップを頑張ってくれたメンバーにすごく失礼だと思ったからです。

僕はトム・ホーバスヘッドコーチのチームに2022年のアジアカップから加わっていて、チームがやりたいことやみんなの特徴は、ある程度分かっているつもりです。その中で、僕の発言にみんなが耳を傾けてくれているという実感がものすごくありました。だからこそ、リーダーの1人として、自分が発する言葉にはより気をつけなければいけないと考えていました。

ワールドカップメンバーだったけれど、今回のオリンピックメンバー入りができなかった（井上）宗一郎や西田（優大）、原（修太）さん、川真田（紘也）も、僕のことを信頼してくれていましたし、そういう彼らのことを思うと、僕は安易にメディアの前で「今年の日本代表は歴代最強です」と言えませんでした。

リーダーは自分の発言する言葉がどういう意味を持つか、その言葉が周りにどんな影響をも

たらすかを考えた上でメッセージを発していかなければいけないと思っています。周りに流されることなく、自分が納得した言葉を発することで、言葉に「力」が生まれてくるのではないでしょうか。

バスケの神様は見ている

トレーナーの皆さんの尽力もあって、僕のケガは順調に回復していました。7月26日に開幕するパリオリンピックが「ぶっつけ本番」になることはさすがにキツイなと感じていた僕は、オリンピック前、最後の強化試合となるセルビア戦を復帰のターゲットに決めて、日々のトレーニングを重ねていました。

焦る気持ちがなかったわけではありませんが、僕は信じていました。

「これだけ頑張ってきて、バスケの神様が僕を見捨てるわけがない」と。

自分がオリンピックでプレーするイメージを日々膨らませながら、セルビア戦までのスケジュールを逆算して調整を進めました。

そして迎えた2024年7月21日、ベオグラードで行われたセルビアとの強化試合で僕は約半年ぶりに実践復帰しました。久しぶりの試合だったので楽しさもありましたが、やはり怖さが先立ちました。先発して10得点と、まずまずのプレーはできたものの、思い切って左足を踏み込むことはできませんでした。トレーナーと相談しながら無理をしないよう心がけましたが、実戦に耐えられるかどうかは〝神のみぞ知る〟という状態。怖さはあったけれど、幸いなことに痛みは出ませんでした。

オリンピックに出られるかどうかの最後の分岐点だったセルビア戦を何とかクリアして、僕は「勝負の舞台」に向かいました。

組織における自分の役割

パリオリンピック初戦となるドイツ戦が目前に迫っている中で、塁が日本代表にどう融合するかがこのチームのカギでした。塁を特別扱いするつもりは一切ありませんでしたが、彼と長年の関係がある僕が、塁と選手たちをつなぐ役割となるのは当然のことでした。

例えば、僕が復帰したセルビア戦。僕は前半の終わり方に納得がいきませんでした。理由は塁の使い方です。あの試合、塁はすごくシュートタッチがよくて、リズムに乗っていました。にもかかわらず、塁にボールを渡すことなくハーフタイムを迎えてしまったのです。

ほかの選手とのコミュニケーションがまだ完全ではなかった塁は、心の中では「俺にもっと渡せ！」と思っていたかもしれませんが、自分の口から「もっと俺にパスを回してほしい」と言えるわけがありません。

だから僕はロッカールームに戻ってすぐ、みんなを集めて言いました。

「最後の場面、あれだけ波に乗り出したんだから、塁にパスを回すべきだった。チームとしてその共通認識を持っておかないと。前半の締め方は、ポイントガードがちゃんとやらなきゃダメだ」と。塁がスーパースターだからパスを渡せと伝えたかったわけではありません。単純にポイントゲッターの塁が波に乗っていた。だったら塁を使わなきゃいけない。ただそれだけなんです。それに、調子のいい選手を使うことはバスケはもちろん、どんな団体競技でも当たり前にやっていることです。僕はチームが勝つために必要なことは、どんなことでもやるつもりでした。

塁とは普段、バスケについて深い話をすることはあまりなくて、たわいのない話ばかり。彼が僕をイジって楽しんでいることが多い気がします（笑）。

そんな塁がトムの率いる日本代表チームに合流するのは今回が初めてでした。僕はできるだけ彼がノーストレスで自由にプレーできるように気を配りながら、**チームが機能するためのコミュニケーション**を大切にしていたつもりです。

パリオリンピック

僕にとって東京に続く2度目のオリンピックとなるパリオリンピック。ベルギーとの国境近くにあるフランス北部のリールという都市が予選リーグの舞台でした。グループBに入った日本の対戦相手は、ドイツ、フランス、ブラジル。すべて世界ランキングで格上の相手で、厳しい展開が予想されました。

それでも僕たち日本代表は「Shock the world」をチームの合言葉に、世界中を驚かせるようなバスケをして、決勝トーナメントが行われるパリ行きを目指しました。

初戦の相手は前年のワールドカップで優勝したドイツ。これまでの対戦成績は、オリンピック前の強化試合を含めて3戦全敗でしたが、僕たちと対戦する際の余裕みたいなものは少しずつなくなっているように感じていました。

例えば、司令塔のデニス・シュルーダー（現ブルックリン・ネッツ）の態度にそれが表れていました。彼はジョシュ（ホーキンソン）に対して頻繁にトラッシュトーク（相手を挑発したり、心理面を揺さぶったりする言動）を浴びせていました。そしてＮＢＡでもスターレベルのフランツ・ワグナー（現オーランド・マジック）をジョシュに当てて、何度も1対1の勝負を仕掛けていたのですが、その時にシュルーダーが「あいつ（ジョシュ）にはお前を守ることはできない、だからドンドンやれ」みたいなことを頻繁にワグナーに言っていました。

圧倒的な力の差があればそんなことをする必要はありません。余裕がなかったからこそ、心理的にプレッシャーをかけたいという意図があったんだと思います。最終的にワールドカップと同じような点差で敗れましたが、彼らの表情や態度を見ていると、少しずつ世界に近づけている感覚がありました。


次のフランス戦は「勝利まであと一歩」というところまでいきました。しかし、その「あと一歩」が届かなかったのは、自分たちに勝ち切るだけの力がなかったとも言える気がします。

残り16秒で4点リード。普通なら日本がこのまま勝ち切れる時間と点差だったけれど、フランスは最後まであきらめずにビッグプレーを決めてきました。その後、延長戦までもつれ込みましたがフランスに勝ち切ることができず、悔しい敗戦に——。

「良いチーム」というのは、しっかり勝ち切ることのできるチームなんだと身に染みて感じました。

今後の日本代表がより強くなっていくためにも、「あの負けが必要だった」と言えるようにしていかないといけません。

予選リーグ最後の相手はブラジル。日本代表のパフォーマンスは悪くなかったのですが、第4クォーターの大事な場面でターンオーバーをしてしまったり、正確なシュートが打てなかったり――。フランス戦と同じく、勝ち切るだけの力がなかったという総括に尽きます。

パリオリンピックを振り返ると、僕個人としては沖縄のワールドカップ以上の達成感は感じられませんでした。勝てなかったということもその要因の一つですが、選手、スタッフだけでなく「Team Japan」の全員が同じベクトルを向けていなくて、バスケに集中できる環境ではなかったことも要因だったと思います。

僕はこの先もヘッドコーチから選ばれる限り、日本代表で活動していきたいし、日本をもっと強くしていきたいと思っています。そのためには、ＪＢＡ（日本バスケットボール協会）の人たちと話し合いを重ねて、日本のバスケットボールを、選手をとりまく環境を、これまで以上に良くしていかなければなりません。だから、僕はこれまでと同様に声を挙げていくつもりです。

世界との差という意味では、距離が縮まってきたという実感はあります。今までの日本代表なら、完全アウェーの地でフランス相手にあれだけ迫ることはできなかったのではないでしょうか。ドイツ、ブラジルとも終盤までは互角に戦うことができたのは、トムやコーチ陣、裏方のみんなと選手たちがハードワークを重ねてチームを作り上げてきた成果だと思っています。

それに若手も育ってきています。例えば（ジェイコブス）晶です。晶はまだ20歳で、すごく素直な選手です。言ったことを何でも吸収して、自分の力に変えようとしていました。あれだけの身長と技術があって、さらにきれいな心を持っている選手はそういません。彼とは練習中からよく対話していました。アメリカの大学、ＮＢＡと様々な経験をしてきた者の責任として、自分が教えられることはたくさん伝えたつもりです。

あまりプレッシャーはかけたくありませんが、僕は晶が近い将来、ＮＢＡ選手になれるんじゃないかと思っています。そしていずれ、日本代表に欠かせない存在になっていくんじゃないかな。そういう選手がオリンピックという舞台を経験できたという点では、ポジティブな面もありました。

僕のヒーロー

パリオリンピックの３試合が終わった後、日本に帰国する前の最後の１日を使って、（富樫）勇樹とマコ（比江島慎）と僕の３人でパリの街を観光しました。凱旋門やエッフェル塔、ルーヴル美術館など有名な観光地に行って、ルイ・ヴィトンの本店では、勝った人が他の2人の欲しいものも買う、恒例の「男気じゃんけん」をしました(笑)。キツかったことも少しだけ忘れることができて、楽しい思い出になりました。

3人でこの先について深い話をすることはなかったけれど、僕がマコに「これから代表、どうするの?」と聞くと、「俺はここまでかな」とポツリ。その口ぶりから、本気でそう思っていることが伝わってきました。

次の2028年ロサンゼルスオリンピックの時、僕は33歳、勇樹は34歳、マコは37歳です。僕はともかく、マコが4年後のことを考えるのは難しいんだと思います。それに、僕らのポジションを脅かすような若い選手がどんどん出てくる方が日本代表としては健全です。この3人でいつまでもプレーしていたかった。けれど、いつかは終わりを迎えます。

3人一緒にオリンピックで戦えるのはこのパリが最後だったかもしれないと思うと、何とも言えない気持ちになりました。

僕が日本代表に初めて選出された2011年、勇樹もマコもすでに世代を代表する選手で、憧れの存在でした。それからずっと日本代表のために、日本のバスケットボール界のために力を尽くしてきたのを、僕はずっと間近で見てきました。

2人といる時間は僕にとってかけがえのない時間だったし、どれだけ近い関係になっても、彼らをリスペクトする気持ちは変わりません。チームは負けてばかりで苦労の連続でしたが、沖縄のワールドカップで少しだけ報われたんじゃないかな。僕のインスタグラムに凱旋門で撮った写真と一緒に感謝の思いを書きましたが、もう一度書きます。

「あなた達は僕のヒーローです。日本バスケ界のヒーローです」

千葉ジェッツに決めた理由

久々に戻ってきた日本での日々は想像以上にリラックスできました。決してBリーグを軽く考えているということではないのですが、来季のNBAの契約を勝ち取ることを考えなくてもいい。それだけで、大きなプレッシャーから解放されたような感覚でした。

日本に戻ることを決めてから、ありがたいことに多くのチームからオファーをいただきました。その中でも千葉ジェッツの熱意は本当にすごいものがありました。

ほとんどのチームは、僕が日本に帰るというタイミングでオファーをしてくれました。その中で千葉ジェッツは異質でした。僕がNBAという選択肢を第1のオプションに置いていたプロ1年目の時からずっと、「自分たちも全力で獲りに行きます」という姿勢で、1年目、2年目、3年目が終わるタイミングにも、声をかけてくれていました。あの頃エージェントから「千葉ジェッツから話があった」と聞いてはいたのですが、僕は「日本に戻るつもりはないからいいよ」という素っ気ない反応をしていたのを覚えています。

面接でのプレゼン資料の中身も含めて、千葉ジェッツの熱意はほかより一つ上にあるという風に感じていました。エージェントからは「もっと年俸を出してくれるチームもある」と聞いていましたが、「僕を欲しい」という熱量を一番出してくれたのは千葉ジェッツ。それが千葉ジェッツに決めた大きな要因になりました。

それと、チームを取り巻く環境の素晴らしさ。これにも魅力を感じました。NBAほどではないですが、それに近い数のスタッフをそろえて、とにかく選手が不自由ない環境を作ることに全力を尽くしてくれています。選手の要望を感じ取って、それに迅速に対応してくれる。これは選手にとってはとてもありがたいことです。

これまで書いてきたように、いつクビを切られるか分からないNBAでの6シーズンは本当に過酷でした。試合だけでなく、日々の練習でも自分が試されているような、そんな感覚すらありました。最後は「燃え尽き症候群」の症状に陥ってしまい、メンタルが崩れて――。

そんな僕にメンタルケアも含めたパッケージを提示して、ちゃんと寄り添ってくれた千葉ジェッツ。「こういうチームでやりたいな」と素直に思いました。実際に僕が加入してから、メンタルトレーナーと面談する機会を作ってくれて、何かあったらすぐに対応できる環境を整えてくれています。

また、千葉ジェッツのユニホームの赤色は「情熱」というイメージがあるし、トロント・ラプターズ時代にも着ていた色です。何よりも、赤は僕の好きなカラーなんです。

新しく本拠地になった「ららアリーナ」も魅力たっぷりです。ここが毎試合満員になることを想像すると、ホームでのプレーが楽しみで待ち切れないくらいの気持ちになりました。

そして迎えた、僕のBリーグデビュー戦。

宇都宮ブレックスとのホームゲームで1万人のファンで埋め尽くされ真っ赤に染まった光景を目の当たりにした時は、ＮＢＡにも劣らない環境でプレーできていることを誇らしく感じました。皆さんの声援は、僕だけでなく、選手たち全員の大きなモチベーションになっています。

本当に感謝しかありません。

ＮＢＡにいた時、僕はロールプレーヤーに徹していました。役割を制限して、スリーポイントシュートとディフェンスに特化する「３＆Ｄプレーヤー」になることが、自分の生き残る道だと思っていました。

でもここでの役割は違います。ゲームメークも、勝負どころでのシュートも、リバウンドも、ディフェンスもすべてやっていきたいと思っています。千葉ジェッツのトレヴァー・グリーソンヘッドコーチはラプターズ時代にアシスタントコーチと選手としてともに歩んだこともあって、コミュニケーションもよく取れています。

ただ、もともと僕は、自分のエゴ丸出しで好き勝手にプレーをするタイプの選手ではありません。得点などのスタッツ（結果）にこだわりがあるわけでもありません。それよりも、チームメートとうまく歩調を合わせて、自分の良さも出しながら、チームメートの良さも出していくスタイルが好きなんです。そういう姿勢を求めてくれる千葉ジェッツでの日々は、練習から楽しくて、楽しくて――。

僕のことを全力で理解して、全力でサポートしてくれるこのチームへの恩返しも含めて、いろいろな側面からチームを勝たせられる存在になっていきたいと思っています。

未来のためにできること

パリオリンピック前の自主練習期間中には素晴らしい出会いがありました。

スポンサーさんのCM撮影で、東京都内の体育館に行った時のことです。帰ろうとしていた僕に、そこを練習拠点にしているチームの若手選手が近づいてきて、「シュートを見てくれませんか」と声をかけてきました。

当時、Bリーグ3部の東京ユナイテッドに所属していた山本鳴海という選手でした。ほかにも何人か選手がその場にいましたが、僕に話しかけてきたのは彼だけでした。

彼と僕が出会ったのは5月上旬。その時、彼は東京ユナイテッドには恐らく残れないと通告を受けていたそうです。とても不安な立場だったはずの彼が「シュートを見てくれませんか」と声をかけてくる。その心意気に感動しました。僕は、彼のように先輩に遠慮することなくどんどん懐に入ってくるヤツ、いい意味でほかとは違うヤツ、それと、少しクレイジーなヤツのことが大好きなんです。

シュートを見た後に「一緒に練習していただけませんか」とさらに食い込んできました。予定になかったことなので、少しだけのつもりで付き合ったのに、気づいたら1時間くらい一緒に練習していて、僕も汗だくになってしまいました(笑)。

そこから、彼とほぼ毎日練習をするようになりました。
やる気のある若い選手の手助けもしてあげたかったし、彼の場合は次の契約が決まっていないことで、練習環境がなかなかないという悩みもありました。僕自身も、1人で練習するより、2人ならいろいろな練習をすることができます。

そういった意味で、彼にとっても、僕にとっても、2人での練習はプラスでしかありませんでした。

アメリカでは、体育館で練習していると、NBA選手という肩書に関係なくそこにいる人たちが声をかけてきて、一緒に練習をしたり、ピックアップゲームをしたりするカルチャーがあります。そういう環境にずっといたという影響もあってか、僕は彼のことを自然と受け入れることができました。

しかし日本では、チームに所属していない選手が思いきり練習できる環境が少ないという課題があると思っています。僕自身もいろいろな方々に協力してもらって、ようやくいくつかの場所を確保できていましたが、毎年オフで日本にいる時は、「もっと自分の自由に使える場所があったらいいのにな」「選手たちが自由に集まってピックアップゲームができるような場所があればいいのにな」という思いをいつも抱いていました。

いずれにしても、山本選手のようにやる気があるけれど、練習できる場所がないという選手は少なくないはずです。

この課題をどうクリアしていくか――。

僕たち選手がＪＢＡなどと連携して、きちんと向き合っていかないといけないように思います。

僕は、彼のような意欲のある人間との出会いに関しては「来る者拒まず」のスタンスで楽しんでいます。自分からは積極的に出会いを求めることはしないタイプですが、心の底から「成長したい！」と考えて行動している人間のことは直感的に分かるものです。

この先、山本選手がどんな人生を歩むのかは誰にも分かりません。プロの世界ですから、評価は厳しく冷徹です。きっとこの先も困難の連続でしょう。

でも彼が持っている**「貪欲さ」や「ハングリー精神」は、不可能を可能にする大切なキーワード**だと思っています。

そういう人たちと一緒にいると、自分も刺激を受けて成長することができます。だから、**直感的にビビっときた人との出会いは大切にしたい**し、今後の彼のキャリアも陰ながら応援したいと思います。

少し話が変わりますが、アメリカでは選手が病院を訪問したり、バスケの魅力や楽しさを伝えるバスケットボールクリニックをしたりするチャリティイベントが当たり前のように根づいていました。僕も、ジョージ・ワシントン大学に在籍していた頃からそのような社会貢献活動に関わってきたこともあり、日本でもいくつかの病院を訪れて患者さんとお話ししたり、触れ合ったりする機会を作ってきました。

僕自身、重い闘病をした経験がないので、なかなか皆さんと同じ気持ちになることは難しいのですが、僕みたいな身長2メートルを超えた大男が病院に行くと、みんな「でっかいな～」「すごいな～」と喜んでくれます。普段は生活しづらくて困ることが多いけど、こういう時は身長が高くてよかったなと素直に思います。

皆さんに少しでもポジティブなエネルギーを与えたいと思って訪問するのですが、最終的にはいつも僕の方がパワーをもらっています。

ある年、島根で難病を患っている小学生の男の子から年賀状をもらったことがあります。自分にとって縁もゆかりもない土地の子どもが、僕を応援してくれて、直筆のメッセージを送ってくれる。そして僕からの返事をモチベーションにしてくれている。それを考えるだけで、逆に僕のモチベーションになっていました。

病気などで苦しんでいる人たちが僕と会うだけで笑顔になってくれる。その姿を見ると、契約のことでストレスをためて悩んでいた自分がバカらしく思えたし、大好きなバスケを思い切りできることが、どれだけ幸せなことなのか――。それに改めて気づくこともできました。

病院訪問もそうですが、これからはバスケットボールクリニックをもう少し力を入れてやっていきたいと自分の中では考えています。千葉はもちろんですが、普段は行かないような土地に行って、少しでもたくさんの人にバスケの魅力を伝えていきたいと思います。

何より、子どもたちが楽しそうにしている姿を見るのが本当に好きなんです。まずは自分が楽しむことで、それが未来の日本のバスケットボール界のためになるのであれば、こんなにうれしいことはありません。

僕たち選手は一生懸命プレーすることが応援してくださる皆さんへの最大の恩返しです。でも、それと同じくらい社会や地域のためにできることを考えて、この先も活動していきたいと思います。

そう、自分の「心」に従いながら――。

社会や地域のためにできること。
その活動が未来につながりますように——

日本生命
朝日新聞

終章

神様は自分の「心」の中にいる

突然ですが、皆さんは「神様」の存在を信じますか？

僕は信じます。

苦しい時、壁にぶち当たった時、「バスケットボールの神様」がいつも僕を見ている。そう思って生きてきました。

人間は心ある弱い生き物です。僕自身も決して強い心の持ち主ではなく、本当に弱い人間だなあと思っています。

そんな僕をいつも見つめ、叱咤激励し、支え続けてくれたのは、「バスケの神様が見ている」と思えた「心」でした。

つまり、「バスケの神様」とは僕自身の「心」そのものなのです。

そう感じて、この本のタイトルを「心」という一文字に決めました。

NBAという舞台はとても華やかに見えますが、その裏にはとてつもなく理不尽で過酷さに満ち溢れる世界がありました。限界ギリギリまで頑張って、やっと崖っぷちで踏みとどまったと思えば、またそこから幾度となく突き落とされる。それでも、もっと這い上がろうと、自分を追い込み続けた6年間でした。

幼い頃にNBA選手になるという夢を抱いてから、人一倍練習しなければNBA選手にはなれないと言われ続け、故郷の香川で父と一緒に毎日練習を積み重ねてきました。体に染みついたその原点の記憶が、この6年間の礎になってくれました。

日本を飛び出し、ジョージ・ワシントン大学に進んだ僕は、どれだけ勉強やトレーニングがキツかろうとも、毎晩シューティングをしました。NBAに入ってからも、試合に出られない時にも練習だけは絶対に欠かしませんでした。コロナ禍のディズニーワールドでのバブル開催では、夜の誰もいないアリーナで孤独さに耐えながら、たった1人でシュートを打ち続けました。

苦しい時こそ環境や他人のせいにせず、自分にベクトルを向ける。

不遇の時でも腐らず、練習でのわずかな成長を「小さなご褒美」とかみしめる。

心が前を向いていれば、きっと結果はついてくる。

バスケの神様は、外からは見えない僕の心の中をきっと見てくれている。
そう信じて、決してあきらめることだけはしませんでした。

僕の人生のバイブルである漫画『ＳＬＡＭ　ＤＵＮＫ』の中に、安西先生の「あきらめたらそこで試合終了ですよ」という有名な台詞があります。

振り返ってみると、僕の高校時代の恩師、尽誠学園高校バスケ部監督の色摩拓也先生もこうおっしゃっていました。

「失敗した人っていうのは、あきらめた人のことを言うんだぞ」

２人の先生が僕に教えてくれたこと。

それは、人間の最大の弱さはあきらめてしまうことであって、成功するのに最も確実な方法は常に「もう1回、もう1回だけ」を繰り返してみることだと感じています。

つまり、地道な練習も、たった1本のシュートも、「心」が折れそうになった時も、あきらめずに崖っぷちで踏みとどまったことも、そのどれもが根底に、この２人が教えてくださった「継続する」ということがあったのです。

今から20年ほど前。

僕が小学生だった頃には、テレビなどでバスケのニュースが取り扱われることなんてほとんどありませんでした。ましてやＮＢＡは衛星放送などでしか見ることのできない、遥か彼方の宇宙の先のような世界。そこに想いを馳せ、飛び込み、あきらめずに継続したからこそ今の僕があると思っています。

今回の書籍を通じて少しでも、世界を目指す日本の子どもたち、未来のＮＢＡ選手の役に立てたら、これ以上の喜びはありません。

そして僕は、これからも目の前のことをあきらめずに努力を続けたいと思っています。

これから僕がＢリーグでプレーするからといって、順風満帆にいくとは思っていません。

苦しいこともあるでしょう。

泣きたいこともあるでしょう。

むしろ、そんなことだらけでしょう。

決して終わることのない、幾多の立ちはだかる壁を乗り越えていく。

それが、僕の人生そのものです。

最後に――。

いつも支え続けてくれている、僕の大切な家族、地元の仲間、そしてスタッフの皆さんに、この場を借りて改めてお礼を伝えさせてください。
いつも本当にありがとうございます。

そして、この本を読んでくれたみんなへ。
自分の「心」は絶対に裏切らない。

だから僕はこの先の人生もあきらめることだけは絶対にせんし、みんなも一緒にあきらめず頑張り続けような。
約束やけんな！

２０２４年12月
故郷の香川、千葉、そしてアメリカも珍しく一斉に晴れた日に。
プロバスケットボールプレーヤー　渡邊雄太